KB210990

적그리스도와
마지막 제국

적그리스도와
마지막 제국

지은이 김나사로
발행일 2025년 02월 22일

펴낸이 이민영
펴낸곳 진리의 방주
주소 부산광역시 동구 중앙대로260번길 3-11
전화 051-803-0691
등록번호 제2020-000009호(2020.12.22)

값 9,000원

적그리스도와
마지막 제국

김나사로 지음

진리의방주

※ 일러두기

1. 본서는 같은 성경 구절이라도 각 장의 주제에 따라 다른 각도에서 살펴보려 할 때, 전체 흐름에서 중요한 구절일 때, 독자들의 빠른 이해를 돕고자 할 때는 반복 게재했습니다.
2. 본서에서 '그 날(그 때)'은, 앞에서 이미 이야기한 날(때)일 경우에는 '그날(그때)'로 써야 함이 바르나, 주님 재림의 날(때), 심판의 날(때), 하나님께서 작정하신 그 어떤 날(때) 등을 뜻할 경우에는 '그날(그때)'과 구분하여 '그 날(그 때)'로 띄어쓰기했습니다.
3. 개역개정 성경에서 한글 맞춤법에 비추어 틀리게 표기된 것 중, 몇은 한글 맞춤법을 따라 교정했습니다.

글을 시작하면서

다니엘 선지자는 시대를 달리해서 출현할 두 작은 뿔의 정체에 관해서 예언했다.

다니엘서 8장의 '한 작은 뿔'은 구약시대에 출현해서 하나님을 대적하고 선민 이스라엘 백성을 극렬하게 핍박했다. "그중 한 뿔에서 또 작은 뿔 하나가 나서 남쪽과 동쪽과 또 영화로운 땅을 향하여 심히 커지더니 그것이 하늘 군대에 미칠 만큼 커져서 그 군대와 별들 중의 몇을 땅에 떨어뜨리고 그것들을 짓밟고 또 스스로 높아져서 군대의 주재를 대적하며 그에게 매일 드리는 제사를 없애 버렸고 그의 성소를 헐었으며 그의 악으로 말미암아 백성이 매일 드리는 제사가 넘긴 바 되었고 그것이 또 진리를 땅에 던지며 자의로 행하여 형통하였더라"(단 8:9~12). "이 네 나라 마지막 때에 반역자들이 가득할 즈음에 한 왕이 일어나리니 그 얼굴은 뻔뻔하며 속임수에 능하며 그 권세가 강할 것이나 자기의 힘으로 말미암은 것이 아니며 그가 장차 놀랍게 파괴 행위를 하고 자의로 행하여 형통하며 강한 자들과 거룩한 백성을 멸하리라 그가 꾀를 베풀어 제 손으로 속임수를 행하고 마음에 스스로 큰 체하며 또 평화로운 때에 많은 무리를 멸하며 또 스스로 서서 만왕의 왕을 대적할 것이나 그가 사람의 손으로 말미암지 아니하고 깨지리라"(단 8:23~25).

다니엘서 7장의 '한 작은 뿔'은 신약시대에 출현해서 하나님을 대적하고 교회를 말살한다. 그러나 이 땅에 다시 오실 재림의 예수 그리스도께서는 그 '작은 뿔'(적그리스도)을 심판하시고 성도를 위한 영원한 나라, 영원한 제국을 건설하신다. "내가 그 뿔을 유심히 보는 중에 다른 작은 뿔이 그 사이에서 나더니 첫 번째 뿔 중의 셋이 그 앞에서 뿌리까지 뽑혔으며 이 작은 뿔에는 사람의 눈 같은 눈들이 있고 또 입이 있어 큰 말을 하였더라"(단 7:8). "내가 본즉 이 뿔이 성도들과 더불어 싸워 그들에게 이겼더니 옛적부터 항상 계신 이가 와서 지극히 높으신 이의 성도들을 위하여 원한을 풀어 주셨고 때가 이르매 성도들이 나라를 얻었더라"(단 7:21~22). "그가 장차 지극히 높으신 이를 말로 대적하며 또 지극히 높으신 이의 성도를 괴롭게 할 것이며 그가 또 때와 법을 고치고자 할 것이며 성도들은 그의 손에 붙인 바 되어 한 때와 두 때와 반 때를 지내리라 그러나 심판이 시작되면 그는 권세를 빼앗기고 완전히 멸망할 것이요 나라와 권세와 온 천하 나라들의 위세가 지극히 높으신 이의 거룩한 백성에게 붙인 바 되리니 그의 나라는 영원한 나라이라 모든 권세 있는 자들이 다 그를 섬기며 복종하리라"(단 7:25~27). "넷째 나라는 강하기가 쇠 같으리니 쇠는 모든 물건을 부서뜨리고 이기는 것이라 쇠가 모든 것을 부수는 것 같이 그 나라가 뭇 나라를 부서뜨리고 찧을 것이며 왕께서 그 발과 발가락이 얼마는 토기장이의 진흙이요 얼마는 쇠인 것을 보셨은즉 그 나라가 나누일 것이며 왕께서 쇠와 진흙이 섞인 것을 보셨은즉 그 나라가 쇠 같은 든든함이 있을 것이나 그 발가락이 얼마는 쇠요 얼마는 진흙인즉 그 나라가 얼마는 든든하고 얼마는 부서질 만할 것이며 왕께서 쇠와 진흙이 섞인 것을 보셨은즉 그들이 다른 민족과 서로 섞일 것이나 그들이 피차에 합하지 아니함이 쇠와 진흙이 합하지 않음과 같으리이다 이 여러 왕들의 시대에 하늘의 하나님이 한 나라를 세우시리니 이것은 영원히 망하지도 아니할 것이요 그 국권이 다른 백성에게로 돌아가지도 아니할 것이요 도리어 이 모든 나라를 쳐서 멸망시키고 영원히 설 것이라"(단 2:40~44).

에덴동산에서 하나님의 사람 아담과 하와에게 하나님의 명령인 선악과 계명이 주어졌다. 그런데 아담과 하와는 그

계명을 지켜 행하지 못하므로 이후 모든 사람을 죄인 되게 했다. 죄의 후손인 가인에게서 세상의 문명이 발흥한다. 그러나 문명의 진보 속에서 사람의 죄성은 하나님을 대하여는 더욱 강퍅해져 가고, 사람을 대하여는 더욱 포악해져 갔다. "가인이 여호와 앞을 떠나서 에덴 동쪽 놋 땅에 거주하더니 아내와 동침하매 그가 임신하여 에녹을 낳은지라 가인이 성을 쌓고 그의 아들의 이름으로 성을 이름하여 에녹이라 하니라 에녹이 이랏을 낳고 이랏은 므후야엘을 낳고 므후야엘은 므드사엘을 낳고 므드사엘은 라멕을 낳았더라 라멕이 두 아내를 맞이하였으니 하나의 이름은 아다요 하나의 이름은 씰라였더라 아다는 야발을 낳았으니 그는 장막에 거주하며 가축을 치는 자의 조상이 되었고 그의 아우의 이름은 유발이니 그는 수금과 퉁소를 잡는 모든 자의 조상이 되었으며 씰라는 두발가인을 낳았으니 그는 구리와 쇠로 여러 가지 기구를 만드는 자요 두발가인의 누이는 나아마였더라 라멕이 아내들에게 이르되 아다와 씰라여 내 목소리를 들으라 라멕의 아내들이여 내 말을 들으라 나의 상처로 말미암아 내가 사람을 죽였고 나의 상함으로 말미암아 소년을 죽였도다 가인을 위하여는 벌이 칠 배일진대 라멕을 위하여는 벌이 칠십칠 배이리로다 하였더라"(창 4:16~24). 이처럼 가인의 계보는 정치 군사 경제 문화 예술의 시조이다.

결국, 구속사로부터 문명의 진보를 목적으로 하는 세계사가 죄의 유입과 더불어 시작되었다. 문명의 진보와 더불어 인간의 죄성은 심화해갔다. 이제 장차 이 세계사의 마지막에 하나님의 영원한 구속사가 예수 그리스도의 재림과 함께 그 영원한 문을 열게 될 것이다.

미움과 반목과 시기와 질투와 전쟁으로 얼룩진 이 세계사는 예수 그리스도의 재림과 함께 하나님의 백성이 창세로부터 예비된 나라 곧 영원한 제국을 상속받는 그 날까지 하나님을 대적하고 문명의 진보를 통해 하나님 없이도 얼마든지 살 수 있는 인간만을 위한 지상낙원을 지향하며 하늘 끝까지 문명의 바벨탑을 쌓아갈 것이다.

예수 그리스도의 부활이 없었다면 우리의 믿음도 헛되고 하나님의 교회는 이 세상에 생겨날 수 없었다. 그러므로 교회의 터는 예수 그리스도의 부활 사건 위에 세워진 것이다. 예수께서 부활하셨다는 하나의 사실로 지금까지 교회는 2천여 년의 시간을 달려왔다. 그동안 교회는 세상과 다름없이 되었다. 여기저기 광야와 골방에까지 넘쳐나는 거짓 그리스도와 거짓 선지자들은 이 세상에서 잘된 인생, 이 세상에서 역전한 인생, 이 세상에서 꿈을 이룬 인생, 이 세상에서 영향력을 소유한 인생을 신앙의 본보기로 제시했고, 교인들은 우리도 열심히 믿어 그들과 같이 되자고 "주여! 주여!"를 외쳤다. 이 허탄한 신화의 끝에서 록펠러는 모든 신앙인이 동경하는 믿음의 영웅이 되었고 LA18번가 뒷골목의 어느 가난한 여자는 새벽기도 열심히 나가서 백마 타고 온 왕자를 만났다고 하며, 어느 청년은 유학 가서 꼬박 장학금 받으며 자기 분야의 탑이 되어 그 영향력으로 많은 사람을 예수 믿게 했다고 떠들어 댄다.

그러나 피조물이 고대하는바 하나님의 아들들이 나타나는 날, 그래서 성도가 영원한 나라를 소유하고 불멸의 신령한 몸을 덧입고 예수 그리스도와 함께 나타나는 영광의 시간이 다다랐을 때, 하나님의 구속사는 하나님의 아들들이 "우리도 부활했다."라는 이 하나의 새 노래로 이 세상을 향해 '천 년의 시간'(상징적 기간) 동안 구원의 마지막 은혜를 선사할 것이다.

차례

1 다니엘 8장이 예언하고 있는 작은 뿔인 한 왕의 출현

다니엘 선지서 8장의 초반부는 다니엘 선지자가 계시를 받았던 기원전 533년 이후에 세상 가운데서 발생할 어떤 한 격변의 시대를 예언하고 있다.

먼저 3절과 4절에서는 뿔의 길이가 서로 다른 한 숫양이 등장해서 그 두 뿔로 서쪽과 북쪽과 남쪽을 향해 임의로 들이받고 다닌다. "내가 눈을 들어 본즉 강가에 두 뿔 가진 숫양이 섰는데 그 두 뿔이 다 길었으며 그중 한 뿔은 다른 뿔보다 길었고 그 긴 것은 나중에 난 것이더라 내가 본즉 그 숫양이 서쪽과 북쪽과 남쪽을 향하여 받으나 그것을 당할 짐승이 하나도 없고 그 손에서 구할 자가 없으므로 그것이 원하는 대로 행하고 강하여졌더라"(단 8:3~4).

이어서 두 눈 사이에 현저한 뿔이 있는 숫염소 한 마리가 등장해서 서쪽과 북쪽과 남쪽을 들이받고 다니다가 이윽고 뿔의 길이가 서로 다른 그 숫양을 들이받고 짓밟아 버린다. "내가 생각할 때에 한 숫염소가 서쪽에서부터 와서 온 지면에 두루 다니되 땅에 닿지 아니하며 그 염소의 두 눈 사이에는 현저한 뿔이 있더라 그것이 두 뿔 가진 숫양 곧 내가 본 바 강가에 섰던 양에게로 나아가되 분노한 힘으로 그것에게로 달려가더니 내가 본즉 그것이 숫양에게로 가까이 나아가서는 더욱 성내어 그 숫양을 쳐서 그 두 뿔을 꺾으나 숫양에게는 그것을 대적할 힘이 없으므로 그것이 숫양을 땅에 엎드러뜨리고 짓밟았으나 숫양을 그 손에서 벗어나게 할 자가 없었더라"(단 8:5~7).

시간이 지난 후 그 숫염소의 이마 사이에 있던 현저한 뿔이 뽑히고 그 뽑힌 자리에는 4개의 뿔이 생겨난다, "숫염소가 스스로 심히 강대하여 가더니 강성할 때에 그 큰 뿔이 꺾이고 그 대신에 현저한 뿔 넷이 하늘 사방을 향하여 났더라"(단 8:8).

시간이 지난 후, 그 4개의 뿔 중 한 뿔에서 생겨난 작은 뿔은 남편과 동편과 영화로운 땅 곧 이스라엘을 향해 뻗어 나간다. "그중 한 뿔에서 또 작은 뿔 하나가 나서 남쪽과 동쪽과 또 영화로운 땅을 향하여 심히 커지더니"(단 8:9).

네 개의 뿔 중 하나의 뿔에서 생겨 난 그 작은 뿔은 스스로 교만해져서 군대의 주제이신 만왕의 왕을 대적하며 하나님의 성전에서 아침저녁으로 드리는 상번제를 폐한다. "그 중 한 뿔에서 또 작은 뿔 하나가 나서 남쪽과 동쪽과 또 영화로운 땅을 향하여 심히 커지더니 그것이 하늘 군대에 미칠 만큼 커져서 그 군대와 별들 중의 몇을 땅에 떨어뜨리고 그것들을 짓밟고 또 스스로 높아져서 군대의 주재를 대적하며 그에게 매일 드리는 제사를 없애 버렸고 그의 성소를 헐었으며 그의 악으로 말미암아 백성이 매일 드리는 제사가 넘긴 바 되었고 그것이 또 진리를 땅에 던지며 자의로 행하여 형통하였더라"(단 8:9~12).

이 얼마나 해괴한 존재인가? 이 얼마나 가공할 존재인가? 이 얼마나 교만 방자한 죄인가? 그의 미친 행세는 2천3백 주야동안 계속될 것이다. "내가 들은즉 한 거룩한 이가 말하더니 다른 거룩한 이가 그 말하는 이에게 묻되 환상에 나타난 바 매일 드리는 제사와 망하게 하는 죄악에 대한 일과 성소와 백성이 내준 바 되며 짓밟힐 일이 어느 때까지 이를꼬 하매 그가 내게 이르되 이천삼백 주야까지니 그때에 성소가 정결하게 되리라 하였느니라"(단 8:13~14).

여기까지 보면 뿔의 길이가 다른 숫양의 시대가 지나고 곧바로 이마 사이에 현저한 뿔이 있는 숫염소가 패권을 장악하고 곧이어 그 숫염소의 이마 사이에 있던 현저한 뿔이 뽑힌 후 4개의 뿔이 그 패권을 계승하고 얼마간의 시간이 지난 후 4개의 뿔 중 한 뿔에서 생겨난 작은 뿔이 하나님을 대적하는 천인공노할 죄를 범하기까지는 시간상으로 단절된 것이 아니라 연속되는 사건이다. 그러면 이 예언된 시대는 언제인가? 그리고 그 작은 뿔은 누구인가?

다니엘 선지서 8장에서 그 출현이 예언된 작은 뿔이 다니엘 선지서 11장에 등장하는 북방 왕이라면, 세대주의적 종말론자들의 주장처럼 유브라데 강가 중동지방에서 최후의 종말 전쟁을 일으킨다는 4개의 패권 세력인 북방 왕과 남방 왕과 동방 왕과 서방 왕을 주연으로 각색한 전쟁 시나리오는 하나님의 예언이 아니라 인간이 창작한 그야말로 망상 소설이 되어버린다.

세대주의적 종말론자들의 무지한 성경 해석을 바로 잡으려면 도대체 어디서부터 시작을 해야 할지 망막하지만, 다니엘 선지서 8장에서 예언하고 있는 작은 뿔이 북방 왕이라면 그 북방 왕이 출현하고 활동한 시대를 살펴봄으로써 세대 주의적 종말론자들이 주장하는 북방 왕의 정체가 그들이 말하는 북방 왕 아님은 명약관화해진다. 그러면 자연스럽게 그들이 주장하는 어설픈 전쟁 시나리오(그들의 주장에 따르면 계시받은 종말 환상)는 허물어질 수밖에 없다.

하나님께서는 다니엘 선지서 8장 3~8절에 등장하는 숫양 숫염소 현저한 뿔, 네 뿔 작은 뿔, 곧 한 왕의 정체와 관련해서 그들이 누군지에 대해 정확한 모범 답안을 제시하셨다. "네가 본 바 두 뿔 가진 숫양은 곧 메대와 바사 왕들이요 털이 많은 숫염소는 곧 헬라 왕이요 그의 두 눈 사이에 있는 큰 뿔은 곧 그 첫째 왕이요 이 뿔이 꺾이고 그 대신에 네 뿔이 났은즉 그 나라 가운데에서 네 나라가 일어나되 그의 권세만 못하리라 이 네 나라 마지막 때에 반역자들이 가득할 즈음에 한 왕이 일어나리니 그 얼굴은 뻔뻔하며 속임수에 능하며 그 권세가 강할 것이나 자기의 힘으로 말미암은 것이 아니며 그가 장차 놀랍게 파괴 행위를 하고 자의로 행하여 형통하며 강한 자들과 거룩한 백성을 멸하리라 그가 꾀를 베풀어 제 손으로 속임수를 행하고 마음에 스스로 큰 체하며 또 평화로운 때에 많은 무리를 멸하며 또 스스로 서서 만왕의 왕을 대적할 것이나 그가 사람의 손으로 말미암지 아니하고 깨지리라"(단 8:20~25).

모범 답안에 의하면 숫양과 숫염소와 현저한 뿔과 네 뿔과 작은 뿔 곧 한 왕은 시간적으로 단절됨 없이 연속적으로 세계사 안에 등장할 존재들이다. 그러므로 작은 뿔 곧 한 왕이 만약 다니엘 선지서 11장의 북방 왕이라면 그 북방 왕은 세대 주의적 종말론자들의 주장처럼 1999년도 세기말쯤 북방에서 진격해 오는 러시아 군대가 결단코 아니다. 그렇다면 허구의 인물인 동방 왕 또한 2만만 곧 2억의 중공 군대가 결단코 아니다.

자기 뿔로 서쪽과 북쪽과 남쪽을 들이받고 다니던 한쪽 뿔이 다른 한 뿔보다 긴 숫양(단 8:3~4)은 메대(메디아)와 바사(고대 페르시아) 왕들이다(단 8:20). 곧 메대와 바사의 연합국이었던 페르시아제국이다. 이 숫양 곧 페르시아제국을 들이받은 털이 많은 숫염소(단:5~7)인 헬라 왕(단 8:21)은 헬라제국이고 그 숫염소의 두 눈 사이에 있던 현저한 뿔(단 8:5)은 첫 번째 헬라제국의 왕이다(단 8:21). 이 초대 왕은 우리 모두 알고 있는 헬라제국의 창시자 알렉산더 대왕이다. 그러나 그 뿔은 꺾인다. 곧 알렉산더 대왕은 죽는다. 그 뿔이 꺾인 자리에 네 뿔이 생겨난다(단 8:8). 그의 사후 그가 건설했던 광대한 헬라제국은 그의 네 명의 수하 장군에 의해 분리되었다. 그 결과 북쪽 시리아 지역은 셀루쿠스 왕조로 남쪽 애굽 지역은 프톨레미 왕조로 분리되고 나머지 마게도냐와 트리키아 비시디아 지역은 카산드 장군과 리시마쿠스 장군의 차지가 되었다.

다니엘 선지서 11장에는 남방 왕과 북방 왕의 전쟁사를 집중 조명하고 있는데 여기서 남방 왕과 북방 왕은 시간 순서를 뛰어넘어 세기말에 등장하는 패권 세력을 예언하고 있는 것이 아니라 다니엘 선지자 사후 차례로 등장할 근동의 패권 세력을 예언하고 있다. 그래서 북방 왕은 알렉산더 대제 사후 등장할 셀루쿠스 왕조와 그 왕들을 남방 왕은 프톨레미 왕조와 그 왕들을 지칭한다.

다니엘 선지서 8장의 네 뿔 중 한 뿔에서 생겨난 작은 뿔은 특별히 영화로운 땅을 향해 심히 커졌으며 종국에는 스스로 높아져서 군대의 주제를 대적했고 매일 드리는 제사를 제하고 하나님의 성소를 헐어 버렸다(단 8:8~12). 그리고 다니엘 선지서 8장은 이 작은 뿔에 대해서 부연 설명하기를 네 나라 마지막 때에 등장해서 자기 뜻대로 행하며 거룩한 백성을 멸하고 만왕의 왕을 대적할 것이라고 했다(단 8:23~25).

여기서 '마지막 때'는 세기말을 의미하는 것이 아니라 네 나라 곧 알렉산더 대제의 사후 네 개의 권역으로 분리되었던 그 시대의 마지막을 의미한다. 그러나 우리는 '마지막 때'라는 단어만 나오면 전후 문맥을 생각하지 않고 무조건 세기말로 이해하는 어리석은 경향이 있다.

하나님께서는 다니엘 선지서 8장 1절~14절에서 뿔의 길이가 다른 숫양과 두 눈 사이에 현저한 뿔이 있는 숫염소와 그 숫염소의 현저한 뿔이 뽑히고 그 현저한 뿔이 꺾인 자리에 네 개의 뿔이 생겨나고 그 네 개의 뿔 중 한 뿔에서 하나님을 대적하고 하나님의 백성을 멸절하는 작은 뿔이 생겨나는 환상을 다니엘 선지서 8장 15절~27절에서 해석해 주면서 이 일은 정한 때 끝에 관한 일이라고 하셨다(단 8:19). 여기서도 '정한 때 끝에 관한 일'은 세기말 중동지방에서 일어날 핵전쟁의 시간을 가리키는 것이 아니라 그 작은 뿔이 등장하는 시대를 가리킨다.

다니엘 선지서 8장에 보면, 네 뿔 중 한 뿔에서 생겨난 작은 뿔이 영화로운 땅을 향해 심히 세력이 커졌던 것처럼 다니엘 선지서 11장에서 북방 왕은 자신을 기습적으로 침략해오는 남방 왕을 격퇴한 후 영화로운 땅으로 들어간다(단 11:40~41). 그날은 마지막 때이다(단 11:40), 여기서 마지막 때도 세기말 유브라데 강가에서 발발하는 제3차 세계대전의 날이 아니라 북방 왕이 남방 왕을 격퇴한 후 영화로운 땅으로 들어가서 하나님을 대적하고 거룩한 백성을 멸하는 날이다(단 8:9~14, 23~25).

다니엘 선지서 8장에서는 그 작은 뿔의 천인공노할 만행이 2천3백 주야까지 이를 것이라고 했다(단 8:13~14). 2천3백 주야는 대략 7년의 시간이다. 실제로 이스라엘 백성은 이 작은 뿔의 실체였던 셀루쿠스 왕조의 안티오쿠스 에피파네스에 의해 BC171년부터 BC164년까지 거의 말살 지경에 이르는 뼈아픈 과거사를 간직하고 있다. 특별히 안티오쿠스 에피파네스의 폭정의 역사 약 7년 중 후반 3년 6개월 동안 이스라엘은 거의 숨 쉴 수도 없을 정도였다. 안티오쿠스 에피파네스의 종교탄압에 이스라엘은 야훼 신앙을 고수하고서는 결단코 살아남을 수 없는 살벌한 신앙의 암흑기를 경험해야 했다. 그 후반부 3년 6개월 동안 하나님의 언약궤가 안치되었던 시온좌에는 제우스 신상이 세워졌고 율법이 명시한 흠 없는 숫양과 숫염소의 피 대신에 돼지 피가 뿌려졌으며 백성 중에 하나님의 성전으로 나아와서 제우스 신상이 세워진 제단 앞에서 경배하지 않는 자는 모조리 참살을 당했다.

구약 구속사 1,500년 가운데 이 기간만큼 알곡과 가라지가 명쾌하게 가려진 시기는 없었다. 이스라엘 백성이면 누구나 태어나면서부터 죽을 때까지 "하나님! 하나님!"할 수는 있었지만, 이 기간만큼은 하나님을 신앙하는 대가는 오로지 참혹한 죽음뿐이었다. 대다수의 이스라엘 백성은 목숨 부지를 위해 기꺼이 믿음의 길에서 돌아섰다. 그리고 신상 앞에 머리를 조아렸다. 다니엘 선지서 12장은 성도의 권세가 완전히 깨어지기까지 한때와 두 때와 반 때를 지난다고 했다. 그만큼 안티오쿠스 에피파네스 치하 후반부 3년 6개월 동안 나면서부터 아브라함의 자손, 나면서부터 하나님의 자녀인 이스라엘 백성은 자기들의 삶의 의미인 야훼 신앙을 고수하고서는 단 하루도 인생의 날을 영위할 수 없었다. 예언대로 성도의 권세는 완전히 박살 났다.

다니엘 선지자는 자신이 받은 이 끔찍한 환상을 마지막 때까지 간수 해야 한다(단 12:9). 그 마지막 때가 되면 이 모든 일이 끝난다(단 12:7). 곧 다니엘 선지자가 받은 환상이 성취된다. 여기서 마지막 때도 세기말이 아니라 이스라엘이 안티오쿠스 에피파네스의 폭정에서 해방되는 날이다.

안티오쿠스 에피파네스에게 7년 동안 속국으로 지냈던 이스라엘은 특별히 그 폭정 7년의 반 시절인 1,260일간 하나님의 지성소에 멸망케 할 미운 물건인 제우스 신상이 세워지고 하나님께 드리는 상번제가 폐하여지는 비극의 날을 경험했지만, 때가 되는 그 날 반드시, 마지막 때에 이스라엘 백성은 작은 뿔의 폭정으로부터 해방이 되고 하나님의 성소는 정결하게 회복된다(단 8:14). 혁명가 마카비 형제들의 투쟁으로.

2 느부갓네살 왕의 꿈, 신상과 뜨인 돌

바벨론제국에 포로 되어 갔던 믿음의 사람 다니엘은 그의 세 친구 사드락과 메삭과 아벳느고와 더불어 훗날 왕궁에서 왕을 모시기 위해 느부갓네살 왕의 진미를 먹으며, 갈대아 사람의 학문과 방언을 배우고 있었다(단 1:1~7).

하나님께서는 그들의 앞길을 형통하게 하셨고 학문과 재주에 명철하게 하셨을 뿐만 아니라 다니엘은 모든 환상과 몽조(꿈)를 깨달아 아는 은사까지 더하셨다. 이와 같은 하나님의 은혜 가운데서 그들의 지혜와 총명은 바벨론제국의 모든 박수와 술객보다 월등했다(단 1:17~21).

어느 날, 느부갓네살 왕이 꿈을 꾸고 번민에 빠졌다. 바벨론제국 내의 난다 긴다 하는 박사와 술객들이 바벨론 왕 앞에 호출되어왔지만, 그들 가운데 누구도 왕의 마음을 흡족하게 할 수 있는 사람은 없었다. 대노한 느부갓네살 왕은 바벨론의 모든 박사를 다 죽일 것을 명령했다. 여기에는 다니엘의 세 친구인 사드락과 메삭과 아벳느고도 포함되어 있었다(단 2:1~12).

이에 다니엘이 느부갓네살 왕 앞에 나아가서 왕이 꾼 꿈의 내용을 알 수 있도록 며칠의 기한을 달라고 청했고, 하나님께서는 다니엘과 세 친구에게 은혜를 베푸셔서 다니엘에게 느부갓네살 왕이 꾼 꿈의 내용을 알게 하셨다. 그리고 그 꿈의 해석까지 하게 해 주셨다(단 2:14~45).

다니엘 선지자가 알게 된 바벨론 왕 느부갓네살의 꿈과 그 꿈의 해석은 다음과 같다. "왕이여 왕이 한 큰 신상을 보셨나이다 그 신상이 왕의 앞에 섰는데 크고 광채가 매우 찬란하며 그 모양이 심히 두려우니 그 우상의 머리는 순금이요 가슴과 두 팔은 은이요 배와 넓적다리는 놋이요 그 종아리는 쇠요 그 발은 얼마는 쇠요 얼마는 진흙이었나이다 또 왕이 보신즉 손대지 아니한 돌이 나와서 신상의 쇠와 진흙의 발을 쳐서 부서뜨리매 그때에 쇠와 진흙과 놋과 은과 금이 다 부서져 여름 타작마당의 겨같이 되어 바람에 불려 간 곳이 없었고 우상을 친 돌은 태산을 이루어 온 세계에 가득하였나이다"(단 2:31~35).

느부갓네살 왕은 꿈속에서 한 큰 신상을 보았다. 그 신상은 네 부분으로 되어 있다. 그리고 각 부분은 각기 다른 재료로 구성되어 있다. 첫째, 머리는 순금이다. 둘째, 가슴과 두 팔은 은이다. 셋째, 배와 넓적다리는 놋이다. 넷째, 종아리는 쇠이고 양발은 쇠와 진흙이 섞여 있다. 그 신상을 향해 '손대지 아니한 돌'[이하 '뜨인 돌'(개역한글)]이 날아왔다. 하나님께서 날려 보낸 그 뜨인 돌에 의해 신상은 흔적도 없이 사라지고 그 돌은 태산을 이루어 온 세계에 가득하게 되었다.

3 다니엘 선지자의 꿈 해석, 그 영원한 예언

느부갓네살 왕이 꾼 꿈의 내용을 알게 된 다니엘은 그 꿈의 의미까지 해석했고, 그 해석은 영원한 예언의 말씀이 되었다. "그 꿈이 이러한즉 내가 이제 그 해석을 왕 앞에 아뢰리이다 왕이여 왕은 여러 왕들 중의 왕이시라 하늘의 하나님이 나라와 권세와 능력과 영광을 왕에게 주셨고 사람들과 들짐승과 공중의 새들, 어느 곳에 있는 것을 막론하고 그것들을 왕의 손에 넘기사 다 다스리게 하셨으니 왕은 곧 그 금 머리니이다 왕을 뒤이어 왕보다 못한 다른 나라가 일어날 것이요 셋째로 또 놋 같은 나라가 일어나서 온 세계를 다스릴 것이며 넷째 나라는 강하기가 쇠 같으리니 쇠는 모든 물건을 부서뜨리고 이기는 것이라 쇠가 모든 것을 부수는 것 같이 그 나라가 뭇 나라를 부서뜨리고 찧을 것이며 왕께서 그 발과 발가락이 얼마는 토기장이의 진흙이요 얼마는 쇠인 것을 보셨은즉 그 나라가 나누일 것이며 왕께서 쇠와 진흙이 섞인 것을 보셨은즉 그 나라가 쇠 같은 든든함이 있을 것이나 그 발가락이 얼마는 쇠요 얼마는 진흙인즉 그 나라가 얼마는 든든하고 얼마는 부서질 만할 것이며 왕께서 쇠와 진흙이 섞인 것을 보셨은즉 그들이 다른 민족과 서로 섞일 것이나 그들이 피차에 합하지 아니함이 쇠와 진흙이 합하지 않음과 같으리이다 이 여러 왕들의 시대에 하늘의 하나님이 한 나라를 세우시리니 이것은 영원히 망하지도 아니할 것이요 그 국권이 다른 백성에게로 돌아가지도 아니할 것이요 도리어 이 모든 나라를 쳐서 멸망시키고 영원히 설 것이라 손대지 아니한 돌이 산에서 나와서 쇠와 놋과 진흙과 은과 금을 부서뜨린 것을 왕께서 보신 것은 크신 하나님이 장래 일을 왕께 알게 하신 것이라 이 꿈은 참되고 이 해석은 확실하니이다"(단 2:36~45).

다니엘은 느부갓네살 왕이 꿈에서 보았던 신상의 금 머리가 느부갓네살 왕이라고 했다. 그러면서 이후에 느부갓네살 왕보다 못한 다른 나라가 일어날 것이라고 했다. 그리고 셋째는 놋 같은 나라인데 그 나라는 온 세계를 다스릴 것이라고 했다.

정복욕에 불타서 이웃 나라를 인정사정없이 파멸시켰던 느부갓네살 왕은 사후에 자신이 건설한 이 광대한 제국의 미래가 어떻게 될 것인가를 고민하고 있던 터에, 필생의 열정으로 건설한 바벨론제국이 영원한 것이 아니라 이내 곧 다른 나라에 의해서 역사의 무대에서 사라지게 된다는 사실을 통보받았을 때, 아마 그의 충격은 상당했을 것이다.

여기까지 다니엘의 해석을 다시 정리해 보면, 신상의 금 머리는 느부갓네살 왕이 다스리던 바벨론제국이고, 바벨론제국 이후에 바벨론제국의 세력보다 약한 제국이 발흥하는데 그 제국은 은으로 된 가슴과 양팔로 상징된 나라이다. 그 이후 놋으로 된 배와 넓적다리가 상징하는 강력한 제국이 등장해서 온 세계를 복속시킨다. 그러므로 금 머리가 바벨론제국이기 때문에 이후의 가슴과 양팔 부위가 은으로 된 나라, 그리고 배와 넓적다리 부위가 놋으로 된 나라는 세계 역사에서 살펴보아야 한다.

세계의 역사는 바벨론제국 이후에 근동의 패자로 등장한 제국이 메대와 바사 연합군으로 구성된 페르시아제국(BC 539~331)이고, 그 페르시아제국을 알렉산더 대왕의 헬라제국(BC 331~63)이 무너뜨리고 세계를 호령했음을 생생히 증언해 주고 있다. 이처럼 금으로 된 머리가 상징하는 바벨론제국, 은으로 된 가슴과 양팔이 상징하는 페르시아제국, 놋으로 된 배와 넓적다리가 상징하는 헬라제국이 차례로 세계 역사에 등장했다. 따라서 종아리가 쇠이고 쇠와 진흙으로 된 발이 상징하는 네 번째 나라는 배와 넓적다리가 놋으로 된 헬라제국에 이어서 세계 역사에 출현한 로마제국이다.

그렇다면 신상의 발을 쳐서 신상을 무너뜨리고 온 세계에 태산과 같이 가득하게 될 나라는 어디에 건설될 것인가? 핵전쟁으로 지구가 파괴되고 난 후 저 우주 끝의 어딘가인가? 천국 방문기를 적은 많은 은사주의자의 주장들처럼 자신의 이름이 적힌 문패가 달린 집들이 있는 저 어딘가인가?

4 '뜨인 돌'은 신상의 발(열 발가락)을 쳤다

느부갓네살 왕의 꿈과 다니엘 선지자의 해석에서 우리가 눈여겨볼 것은 그 '뜨인 돌'(손대지 아니한 돌)은 신상의 머리나 종아리를 쳤던 것이 아니라, 신상의 쇠와 진흙으로 된 발을 쳤다는 것이다. "또 왕이 보신즉 손대지 아니한 돌이 나와서 신상의 쇠와 진흙의 발을 쳐서 부서뜨리매 그때에 쇠와 진흙과 놋과 은과 금이 다 부서져 여름 타작마당의 겨 같이 되어 바람에 불려 간 곳이 없었고 우상을 친 돌은 태산을 이루어 온 세계에 가득하였나이다"(단 2:34~35). "넷째 나라는 강하기가 쇠 같으리니 쇠는 모든 물건을 부서뜨리고 이기는 것이라 쇠가 모든 것을 부수는 것같이 그 나라가 뭇 나라를 부서뜨리고 찧을 것이며 왕께서 그 발과 발가락이 얼마는 토기장이의 진흙이요 얼마는 쇠인 것을 보셨은즉 그 나라가 나누일 것이며 왕께서 쇠와 진흙이 섞인 것을 보셨은즉 그 나라가 쇠 같은 든든함이 있을 것이나 그 발가락이 얼마는 쇠요 얼마는 진흙인즉 그 나라가 얼마는 든든하고 얼마는 부서질 만할 것이며 왕께서 쇠와 진흙이 섞인 것을 보셨은즉 그들이 다른 민족과 서로 섞일 것이나 그들이 피차에 합하지 아니함이 쇠와 진흙이 합하지 않음과 같으리이다 이 여러 왕들의 시대에 하늘의 하나님이 한 나라를 세우시리니 이것은 영원히 망하지도 아니할 것이요 그 국권이 다른 백성에게로 돌아가지도 아니할 것이요 도리어 이 모든 나라를 쳐서 멸망시키고 영원히 설 것이라"(단 2:40~44).

하나님에 의해 날아온 뜨인 돌은 신상의 쇠와 진흙으로 된 발을 쳤고 신상의 파멸 이후에 뜨인 돌로 말미암는 새로운 질서가 도래했다. 그 새로운 질서의 핵심은 그 국권이 다른 백성에게로 돌아가지도 않을 영원한 나라의 출현이다(단 2:44).

5 마지막 제국은 세계 역사에 등장한다

느부갓네살의 꿈에 나타난 신상의 모습과 관련해서 다니엘 선지자가 하나님께 받은 해석을 보면, 바벨론제국 이후에 새로운 패권 국가가 차례차례로 등장하며, 네 번째 나라인 로마제국은 열 개의 발가락이 상징하는 것처럼 열 개의 나라로 나누어진다. 그리고 네 번째 나라 로마제국이 열 개의 나라로 나누어졌을 때, 최후로 하늘의 하나님께서 영원히 망하지도 않고 그 국권이 다른 백성에게 넘어가지도 않을 한 나라를 건설하신다.

그렇다. 하나님께서 약속하신 '영원한 한 나라'는 네 번째 제국인 로마제국 때 세워지는 것이 아니라, 로마제국이 시간이 흘러 열 개의 나라로 나누어졌을 때, 곧 '이 열 왕의 때'[본서에서 "열 왕의 때"는 개역한글성경의 "이 열왕(列王, 여러 왕들)의 때"와는 다르게 열 명의 왕이라는 의미를 강조하는 표현이다.]에 이

지구상에, 이 역사상에 최후로 건설된다. 이때가 하나님께서 맏아들을 이끌어 세상에 다시 들어오게 하시는 때이다. "또 그가 맏아들을 이끌어 세상에 다시 들어오게 하실 때에 하나님의 모든 천사들은 그에게 경배할지어다 말씀하시며"(히 1:6).

그 날에 예수 그리스도와 함께 하나님 안에 감춰졌던 우리의 영원한 생명이 영광 가운데 나타난다. "이는 너희가 죽었고 너희 생명이 그리스도와 함께 하나님 안에 감추어졌음이라 우리 생명이신 그리스도께서 나타나실 그때에 너희도 그와 함께 영광 중에 나타나리라"(골 3:3~4).

우리의 생명이신 그리스도와 함께 나타날 그들이 바로 피조물들이 그토록 고대하며 기다렸던 하나님의 아들들이다. "피조물이 고대하는 바는 하나님의 아들들이 나타나는 것이니"(롬 8:19). 하나님의 아들들이 나타나는 바로 그 날에 우리는 사도 바울과 초대교회가 탄식하며 그토록 간절히 열망했던 몸의 속량(구속)을 받는다. "그뿐 아니라 또한 우리 곧 성령의 처음 익은 열매를 받은 우리까지도 속으로 탄식하여 양자 될 것 곧 우리 몸의 속량을 기다리느니라"(롬 8:23).

구원받은 백성 곧 하나님의 아들들은 하나님의 나라이다. "너희는 택하신 족속이요 왕 같은 제사장들이요 거룩한 나라요 그의 소유가 된 백성이니"(벧전 2:9전). 그러므로 몸의 속량을 받은 하나님의 아들들이 나타나는 날에 하나님께서 성도들에게 약속하신 영원한 나라 곧 마지막 제국은 그 영광의 성취에 이른다.

그렇다. 예수 그리스도의 재림과 함께 몸의 속량을 받은 하나님의 아들들이 영광 가운데 나타나는 날, 바로 그 날에 마지막 제국은 이 역사상에 그 영광의 자태를 드러낸다. "또 내가 보매 거룩한 성 새 예루살렘이 하나님께로부터 하늘에서 내려오니 그 준비한 것이 신부가 남편을 위하여 단장한 것 같더라"(계 21:2). "일곱 대접을 가지고 마지막 일곱 재앙을 담은 일곱 천사 중 하나가 나아와서 내게 말하여 이르되 이리 오라 내가 신부 곧 어린 양의 아내를 네게 보이리라 하고 성령으로 나를 데리고 크고 높은 산으로 올라가 하나님께로부터 하늘에서 내려오는 거룩한 성 예루살렘을 보이니"(계 21:9~10). 그 날에 하나님의 백성은 신원을 받고, 영원한 나라를 상속받는다. 곧 영원한 구원, 영생에 이른다.

6 예수 그리스도는 로마제국이 분열되어 있을 때 다시 오신다

예수 그리스도는 로마제국이 열 개의 나라로 나누어졌을 때 이 땅에 오신(초림하신) 것이 아니라 로마제국이 열 개의 발가락이 상징하는 것처럼 열 개의 권역으로 나누어지기 전에 오셨다. 그러므로 이 열 왕의 때에 하나님께서 세우실 영원한 '한 나라'는 예수 그리스도의 재림으로 나타날 나라이다.

예수 그리스도의 재림은 대 제국 로마가 쇠와 진흙이 상징하는 것처럼 강하고 약한 열 개의 나라로 나누어져서 다시 서로 합하려고 하지만 결국에는 합하지 못하는 상태에 있을 때 성취된다.

많은 시한부 종말론자가, 로마제국이 분열된 이후 서유럽에서 생겨난 각 국가가 EU 제국이라는 하나의 유럽으로 통일되고 통일 정부의 수반이 적그리스도로 출현해서 7년 평화언약을 공포하고, 전 3년 반이 지났을 때, 혹은 7년 대환란(적그리스도가 표방하는 7년 평화언약기간)이 지나서 예수 그리스도의 재림이 이루어진다고 한다.

다니엘서는 분명히 네 번째 제국인 로마가 신상의 열 발가락처럼 열 개의 나라로 나누어지고 피차 서로 합하지 못할 것이라고 예언하고 있으며 바로 그 분열된 상태일 때, 곧 이 열 왕의 때에 마지막 제국인 영원한 하나님의 나라를 건설하신다고 못 박고 있다. "넷째 나라는 강하기가 쇠 같으리니 쇠는 모든 물건을 부서뜨리고 이기는 것이라 쇠가 모든 것을 부수는 것같이 그 나라가 뭇 나라를 부서뜨리고 찧을 것이며 왕께서 그 발과 발가락이 얼마는 토기장이의 진흙이요 얼마는 쇠인 것을 보셨은즉 그 나라가 나누일 것이며 왕께서 쇠와 진흙이 섞인 것을 보셨은즉 그 나라가 쇠 같은 든든함이 있을 것이나 그 발가락이 얼마는 쇠요 얼마는 진흙인즉 그 나라가 얼마는 든든하고 얼마는 부서질 만할 것이며 왕께서 쇠와 진흙이 섞인 것을 보셨은즉 그들이 다른 민족과 서로 섞일 것이나 그들이 피차에 합하지 아니함이 쇠와 진흙이 합하지 않음과 같으리이다 이 여러 왕들의 시대에 하늘의 하나님이 한 나라를 세우시리니 이것은 영원히 망하지도 아니할 것이요 그 국권이 다른 백성에게로 돌아가지도 아니할 것이요 도리어 이 모든 나라를 쳐서 멸망시키고 영원히 설 것이라"(단 2:40~44).

시한부 종말론자들이 소란스럽게 떠드는 것처럼 EU 제국 곧 유럽연합은 아무리 하나의 통일 정부를 구성하려고 용을 써도 절대로 의견이 통일되지 않아서 그 어떤 경우에도 세계를 좌지우지할 강력한 통일 정부의 수반인 적그리스도를 세울 수 없다. 그러다 보니 지금까지 강력한 하나의 통일 유럽을 구성하려고 각국의 정상들이 열심히 노력은 하고 있지만, 아직도, 그리고 앞으로도, 절대로 중세 시대에 온 유럽을 호령했던 교황권에 필적할 만한 강력한 지도력을 가진 1인 행정 수반을 배출할 수 없다.

예수 그리스도께서는, 서유럽에서 강력한 통일 유럽의 출현 이후가 아니라, 지금 우리가 보고 있는 것처럼 합치려고 서로가 용은 쓰지만 피차 합하지 못하는 오늘 이 밤에 도적 같이 다시 오신다. 오셔서 당신의 백성을 구원하시고 당신의 백성을 속량하심으로 영원한 한 나라를 당신의 재림과 함께 이 땅에 건설하실 것이다.

이때가 바로 당신의 백성이 영광 가운데 나타나는 날이다. 그 날에 죽은 자들은 썩지 않을 것으로 다시 살고, 마지막 한 세대에 살아 있는 하나님의 백성은 변화할 것이다. "보라 내가 너희에게 비밀을 말하노니 우리가 다 잠잘 것이 아니요 마지막 나팔에 순식간에 홀연히 다 변화되리니 나팔 소리가 나매 죽은 자들이 썩지 아니할 것으로 다시 살아나고 우리도 변화되리라 이 썩을 것이 반드시 썩지 아니할 것을 입겠고 이 죽을 것이 죽지 아니함을 입으리로다 이 썩을 것이 썩지 아니함을 입고 이 죽을 것이 죽지 아니함을 입을 때에는 사망을 삼키고 이기리라고 기록된 말씀이 이루어지리라"(고전 15:51~54). 따라서 참된 성도는 '마라나타'의 소망으로 살아야 한다. "이것들을 증언하신 이가 이르시되 내가 진실로 속히 오리라 하시거늘 아멘 주 예수여 오시옵소서"(계 22:20).

참된 성도는 박근혜와 함께할 5년의 대한민국을 간절히 열망했던 태극기부대보다도, 문재인과 함께할 5년의 대한민국을 간절히 열망했던 대깨문보다도 다시 오실 예수 그리스도와 함께할 영원한 하나님의 한 나라를 간절히 열망하는 오망주(오직 주님만을 앙망하는 사람)들이 되어야 한다. "그리스도도 많은 사람의 죄를 담당하시려고 단번에 드리신 바 되셨고 구원에 이르게 하기 위하여 죄와 상관없이 자기를 바라는 자들에게 두 번째 나타나시리라"(히 9:28).

7 영원한 예언의 성취, 네 제국의 출현과 사멸

　　다니엘이 느부갓네살 왕의 꿈에 나타난 신상의 환상을 해석한 시기가 느부갓네살 왕이 바벨론제국을 다스리던 BC 604년경이다. 결국 다니엘은, 알렉산더 대왕의 헬라제국이 페르시아제국을 정복하고 온 세계를 지배하게 되는 BC 331년 곧 300년 이후부터 예수 그리스도의 재림으로 완성될 마지막 한 나라, 곧 영원한 나라에 이르기까지 장구한 세계 역사의 전개를 하나님의 은혜로 생생하게 예언했다. 이것은 오로지 역사의 주관자가 하나님이심을 증언하는 것이다.

　　하나님께서는 지금도 세계 역사의 배후에서 '뜨인 돌'이신 예수 그리스도의 재림으로 완성될 하나님 나라의 완성을 바라보시며 쉬지 않고 일하신다. "나는 시온의 공의가 빛같이, 예루살렘의 구원이 횃불같이 나타나도록 시온을 위하여 잠잠하지 아니하며 예루살렘을 위하여 쉬지 아니할 것인즉 열방이 네 공의를, 열왕이 다 네 영광을 볼 것이요 너는 여호와의 입으로 정하실 새 이름으로 일컬음이 될 것이며 너는 또 여호와의 손의 아름다운 면류관, 네 하나님의 손의 왕관이 될 것이라"(사 62:1~3).

여기서 잠깐, 느부갓네살 왕의 꿈에 나타난 신상이 상징하는 네 개의 나라, 네 개의 제국이 역사상에 명멸해 갔던 그 발자취를 한번 살펴보자.

첫째, 순금의 머리가 상징하는 바벨론제국

'신(神)의 문'이란 뜻의 아카드어 '바빌루'의 음사(音辭)인 바벨론은 '혼란'이란 의미이다. 바벨론은 바그다드 남쪽 50km 지점에 있는 유브라데(Euphrates) 강변의 성읍으로서 갈대아의 수도이다. 먼 훗날 이 성읍을 중심으로 바벨론제국이 건설되었다.

제1왕조의 6대 왕이었던 함무라비(BC 1792~1750)로 인해 유명한 바벨론은 여러 왕조의 흥망성쇠를 거쳐서 느부갓네살 1세(BC 1124~1103) 때 주변국 앗수르의 도움을 받기는 했지만 독립 국가 형태를 유지했다. 함무라비 왕은 중앙집권 국가를 건설하고 행정 조직을 정비했으며 종교적 봉건제를 시행하고 운하를 개통하는 등 고대 바벨론 문화의 황금시대를 이루었던 왕이다. 그는 특히 사회질서 유지와 경제적 정의 실현을 위해 '함무라비 법전'을 제정했다.

한때 바벨론은 신(新) 앗수르 제국의 디글랏 빌레셀 사르곤 2세에게 저항하다 그 뒤를 이은 산헤립(BC 704~681)에 의해 진멸되고 도시는 약탈당했다(BC 689년경). 이후 나보폴라살(BC 625~605)을 중심으로 하는 민중 봉기를 통해 앗수르 군대를 멸절하고 바벨론은 다시 제국의 중심 도시가 되었다.

나보폴라살의 뒤를 이은 그의 아들 느부갓네살 2세(BC 605~562년경) 때 바벨론은 최고의 전성기를 누리게 된다. 바로 이때 유다 백성이 나라를 잃고 바벨론으로 포로로 끌려갔다(왕하 24~25장). 이 시기가 고대 세계에서 바벨론제국이 최고의 영화를 자랑하던 시기였다. 당시 도성은 규모가 두 배로 커졌으며, 성벽은 2층 구조를 갖추고 있었고, 도로는 바둑판식으로 잘 정비되었으며 도시를 가로지르는 수로와 운하에는 유브라데 강물이 흘렀다. 당시의 공중 정원은 지금도 세계 7대 불가사의 중 하나로 불리고 있다.

느부갓네살 2세 때의 최고 전성기를 지난 후, 벨사살(BC ?~539) 왕 때 바사의 고레스(BC 539~530) 왕에 의해 바벨론은 멸망하게 된다(BC 539년경, 단 5:30). 이후 헬라제국의 알렉산더 대왕 시대를 거치면서 수리아의 셀류크스 1세가 티그리스 강변에 셀류키아 시(市)를 세우면서 바벨론은 역사의 무대에서 사라졌다.

　둘째, 은으로 된 가슴과 양팔이 상징하는 페르시아제국
　페르시아제국은 메대(메디아)와 바사(고대 페르시아)가
연합한 제국이다. 먼저 메대는 메소포타미아의 북동쪽 곧
카스피해 남쪽의 고원지대에 있었던 고대 제국으로 오늘날
이란 북서부 지역에 해당된다. 대략 BC 10세기경에 이곳에
정착하기 시작한 메대는 부족의 결속력이 약해서 한때 앗수
르 제국의 디글랏 빌레셀 3세와 사르곤 2세의 지배를 받았
다. 그러나 BC 7세기경 데이오케스에 의해 부족들이 규합
하여 통일 왕국을 이루고 나아가 키악사레스 2세 때는 바벨
론과 동맹을 맺고 앗수르 제국을 멸망시켰다(BC 621년경).
이후 메대 제국은 바사 제국의 고레스에 의해 합병됨으로써
단명한 제국에 불과했지만 바사 제국의 종교인 조로아스트
교(배화교)의 창지자 조로아스트가 메대 출신이었기 때문에
통일왕조 페르시아제국의 정신적인 문화 기반에 지대한 영
향을 끼쳤다. 메대의 법률은 엄격해서 한 번 정하면 왕도 거
역할 수 없었다(에 1:19; 단 6:8, 12, 15).
　바사 제국의 고레스가 메대 제국을 합병해서 건국한 페
르시아제국은 이란 고지대를 중심으로 서아시아 중앙아시
아 코카서스 지방까지 넓은 지역을 통치했다. BC 538년 바

벨론제국의 수도 바벨론을 무혈점령한 고레스 왕은 포로 된 이스라엘 백성을 본국으로 돌려보냈으며 유대교 신앙과 제사의식도 허가했다. 이처럼 고레스 대왕이 유대민족에게 호의적이었던 것은 아마도 자신의 출생과 자신의 활약을 180여 년 전부터 생생하게 예언한 이사야 선지서를 접했기 때문이었을 것이다. "고레스에 대하여는 이르기를 내 목자라 그가 나의 모든 기쁨을 성취하리라 하며 예루살렘에 대하여는 이르기를 중건되리라 하며 성전에 대하여는 네 기초가 놓여지리라 하는 자니라 여호와께서 그의 기름 부음을 받은 고레스에게 이같이 말씀하시되 내가 그의 오른손을 붙들고 그 앞에 열국을 항복하게 하며 내가 왕들의 허리를 풀어 그 앞에 문들을 열고 성문들이 닫히지 못하게 하리라 내가 너보다 앞서가서 험한 곳을 평탄하게 하며 놋 문을 쳐서 부수며 쇠 빗장을 꺾고 네게 흑암 중의 보화와 은밀한 곳에 숨은 재물을 주어 네 이름을 부르는 자가 나 여호와 이스라엘의 하나님인 줄을 네가 알게 하리라 내가 나의 종 야곱, 내가 택한 자 이스라엘을 위하여 네 이름을 불러 너는 나를 알지 못하였을지라도 네게 칭호를 주었노라"(사 44:28~45:4).

서아시아의 중심이었던 바벨론제국을 점령한 고레스 왕은 그때까지 변방 국가였던 페르시아제국을 일약 세계 제국의 지위로 올려놓았다. 이후 이집트 정복을 시도하는 가운데 제국은 잠시 극심한 혼란기를 경험하는데 이때 군인 출신 왕족인 다리우스 1세(BC 521~486)가 제국 전역의 모든 반란을 진압하고 왕위에 오른 후 페르시아제국은 최고의 전성기를 맞이한다. 이때 제국은 동서로는 히파시스강에서 리비아까지, 남북으로는 아라비아반도에서 히프카스산맥과 아랄해까지 영토를 확장했다.

다리우스 1세는 전 국토를 20개 주로 나누고 각주를 다스리는 총독을 파견했다. 그는 도로망의 확충에도 관심을 가져 수도 수사와 소아시아의 사르디스 사이에 총 2400km에 달하는 왕도를 건설해서 평상시에는 상업 교역로로, 전쟁 시에는 수송로로 이용했다. 그러나 제국은 다리우스 3세(BC 336년 즉위) 무렵에 이르러 알렉산더 대왕에 의해 멸망했다. 이로써 바벨론, 수사, 페르세폴리스, 중앙아시아에서 북서인도에 걸친 제국의 영토 전체가 알렉산더 대왕에 의해 정복되었다.

셋째, 놋으로 된 배와 넓적다리가 상징하는 헬라제국

헬라제국의 창건자인 알렉산더 대왕은 그리스의 북방 마게도니아의 왕 필리포스 2세의 왕자이다. 그는 부왕이 죽은 후 BC 336년 20세의 나이로 왕위에 오른 후, BC 334년 헬라 군대(마게도니아와 그리스 연합군 3만 5천 명)를 이끌고 동방 원정길에 올라 파죽지세로 바사군을 격파했다. 이후 BC 333년 이소스 전투에서 마침내 페르시아 왕 다리우스 3세의 대군을 격파하고, BC 332년 이집트까지 진군해서 그곳에 알렉산더리아를 건설했고, 다시 군대를 동쪽으로 진군해서 중앙아시아와 인도까지 진격해서 제국의 위용을 크게 떨쳤다. 그 당시 이집트의 알렉산더리아는 당대 세계 최대의 무역 도시로서 여러 가지 상품이 유통되었는데 "알렉산더리아에 없는 것은 눈[雪]뿐이다."라는 말이 돌 정도였다.

알렉산더대제는 가는 곳마다 알렉산더리아 도시를 세웠고, 또 많은 민족과 영토를 다스리기 위해 바사 제국의 체제를 그대로 수용해서 페르시아인을 관리와 군인으로 등용했다. 이처럼 그는 정복지마다 헬라화된 도시들을 건설하면서 동시에 정복지의 문화와 인종을 헬라와 혼합하는 정치를 폈다. 그는 그리스인에게는 오리엔트 세계를 알렸고, 또 그리스 문화가 동방으로 확산되는 요인을 만들어 동서 문화를 맺어 주는 새로운 시대를 열었다. '헬레니즘'이라는 말은 넓게는 그리스 정신과 문화 전체를 가리키는 말로도 사용되지만, 역사상으로는 알렉산더 대왕 때부터 로마가 지중해 주변 세계를 통일하기까지의 약 3백 년 동안의 시기를 말한다.

알렉산더는 다니엘서에서 '현저한 뿔이 달린 숫염소'로 묘사된다. 숫염소는 강가에 서 있는 두 뿔 달린 숫양을 물리치고 강성했으나 곧이어 큰 뿔이 꺾이고 그 대신 현저한 네 개의 뿔이 난다. "내가 생각할 때에 한 숫염소가 서쪽에서 부터 와서 온 지면에 두루 다니되 땅에 닿지 아니하며 그 염소의 두 눈 사이에는 현저한 뿔이 있더라 그것이 두 뿔 가진 숫양 곧 내가 본바 강가에 섰던 양에게로 나아가되 분노한 힘으로 그것에게로 달려가더니 내가 본즉 그것이 숫양에게로 가까이 나아가서는 더욱 성내어 그 숫양을 쳐서 그 두 뿔을 꺾으나 숫양에게는 그것을 대적할 힘이 없으므로 그것이 숫양을 땅에 엎드러뜨리고 짓밟았으나 숫양을 그 손에서 벗어나게 할 자가 없었더라 숫염소가 스스로 심히 강대하여 가더니 강성할 때에 그 큰 뿔이 꺾이고 그 대신에 현저한 뿔 넷이 하늘 사방을 향하여 났더라"(단 8:5~8). 이 예언은 역사적으로 성취된다.

큰 뿔 달린 숫염소인 알렉산더 대제는 BC 336년 왕위에 올라 질풍노도와 같이 두 숫양인 메대와 바사 제국을 물리치고 대제국을 건설했지만, 이른 나이에 죽음을 맞게 되고, 제국은 부하였던 네 명의 장군에 의해 분할 통치된다. "그가 내게 말할 때에 내가 얼굴을 땅에 대고 엎드리어 깊이 잠들매 그가 나를 어루만져서 일으켜 세우며 이르되 진노하시는 때가 마친 후에 될 일을 내가 네게 알게 하리니 이 환상은 정한 때 끝에 관한 것임이라 네가 본 바 두 뿔 가진 숫양은

곧 메대와 바사 왕들이요 털이 많은 숫염소는 곧 헬라 왕이
요 그의 두 눈 사이에 있는 큰 뿔은 곧 그 첫째 왕이요 이 뿔
이 꺾이고 그 대신에 네 뿔이 났은즉 그 나라 가운데에서 네
나라가 일어나되 그의 권세만 못하리라"(단 8:18~22).

페르시아를 평정한 알렉산더는 BC 326년 겨울에 인도로
진군했다. 그러나 심한 더위와 큰 비, 연속되는 강행군과 전
투, 그에 따른 피로로 인해 군사들은 전진하라는 명령에 따
르려 하지 않았다. 그래서 알렉산더는 더 큰 정복을 접고 군
의 대열을 되돌아서게 했다. 그는 귀환 도중 열병(말라리아)
과 피로, 그리고 방탕으로 몸이 무척 쇠약해진 관계로 불과
33세의 나이에 바벨론에서 BC 323년에 죽고 만다.

알렉산더가 후계자를 지명하지 않고 갑자기 죽자, 부하
장군들 사이에 세력 다툼이 벌어져 그의 사후 헬라제국은
그의 측근인 네 명의 장군들(톨레미-이집트와 팔레스타인,
셀루쿠스-시리아와 바벨론, 카산더-마케도냐와 소아시아,
리시마쿠스-데리웃과 비두니아)에 의해 분할 통치된다. 이
중 셀루쿠스 왕조와 프톨레미 왕조가 가장 왕성했다. 다니
엘서 11장에 예언된 남방 왕과 북방 왕이 바로 이 두 왕조이
다.

넷째, 쇠로 된 종아리와 쇠와 진흙이 섞인 열 발가락이 상

징하는 로마제국

1) 쇠로 된 종아리가 상징하는 로마제국(BC 63~AD 476)

로마는 이탈리아반도 및 유럽, 그리고 지중해를 넘어 북 아프리카와 페르시아와 이집트까지 지배했던 고대의 최대 제국이다. 특히 로마가 이룩한 지중해 세계의 통일은 세계 역사상 불멸의 의의를 지닌 것으로 평가된다.

로마제국의 역사는 BC 8세기 무렵 로물루스가 약 3천 명 의 주민으로 작은 도시국가를 건설하는 것으로부터 시작되 었다. 일곱 개의 언덕으로 이루어진 이 일대에서 로물루스 는 왕으로 선출된 후, 최고 의결기구인 원로원을 창설했다.

로마는 로물루스 이후 왕정기(王政期, BC 753~509)를 거치게 되는데 일곱 명의 왕이 로마를 통치하면서 국가의 기초를 다졌다. 그러나 자유분방한 기질을 지녔던 로마인들 은 왕의 독재에 저항했고, 공화정을 열게 되었다. 공화정은 민주적인 도시국가 운영에서 영향을 받았다. BC 510년경부 터 공화정기(共和政期)가 시작되는데 이 시기는 로마의 발 전을 이끈 중요한 시기이다.

로마는 포에니 전쟁에서 승리하면서 지중해 연안의 모든 지역, 북아프리카, 아시아, 북유럽과 영국까지 로마의 지배 하에 두었다. 이들 정복지를 속주로 삼아 통솔하는 1인의 권력이 커지면서 권력이 그에게 집중되었는데, 이때 등장한 인물이 율리우스 카이사르였다.

BC 80년 집정관 마리우스와 동방의 총독이었던 술라의 싸움을 1차 내전으로 부르는데 1차 내전에서 승리한 술라는 살생부를 만들어 반대파를 숙청하고 재산을 몰수했으며 자신을 지지하는 원로원 의원을 구성해서 강력한 권력과 통치 체제의 안정을 확보했다.

BC 40년대에 이르러서는 카이사르와 폼페이우스의 2차 내전이 발발했다. 카이사르는 정복한 모든 속주에 대한 직접적인 영향력을 가지고 원로원을 무력화하는 막강한 권력을 가지게 되었다. 그 결과 비록 당시 로마가 공화정 체제였음에도 그는 군사독재 체제하에서 황제와 같은 권력을 행사했다. 이때 원로원에서는 카이사르의 독단과 개인에게 권력이 집중되는 현상을 우려한 나머지 그를 견제하고자 당시 동방의 전쟁에서 최고의 영웅으로 칭송받았던 폼페이우스를 설득했다. 이에 반발한 카이사르가 루비콘강을 건너 이탈리아반도로 남하해서 정적 폼페이우스를 제거했다.

정치적으로 실권을 장악한 카이사르는 강력한 중앙집권 체제를 도입했다. 카이사르가 독재관으로 임명되기 전까지 제정(帝政) 성립 전 1세기의 로마는 크고 작은 격렬한 정쟁으로 혼란이 확대되어 갔다. 이런 가운데 로마는 제1차 삼두

정치(카이사르, 폼페이우스, 크라수스) 및 제2차 삼두정치(옥타비아누스, 안토니우스, 레피두스) 시대를 지나간다.

로마인들은 카이사르의 영광스러운 업적에 찬사를 보내면서도 공화정에 대한 신념을 가지고 있었다. 브루투스는 카이사르를 암살하면서 공화정을 지키려고 했지만, 결국 로마는 다시 왕정으로 전환했다. BC 44년 카이사르 암살 후에 전개된 내전에서 2차 삼두정치의 최후 승자가 된 옥타비아누스는 정치권력을 확립해서 제정(帝政) 시대를 열었다.

옥타비아누스는 원로원으로부터 아우구스투스라는 칭호를 받으면서 황제가 되었고, 로마는 제정기(帝政期)로 들어갔는데 BC 29년에 그는 원로원의 제1인자가 되고, BC 27년에 공화제의 재건을 제창해서 영토를 확장하고 오현제(네르바, 트라야누스, 하드리아누스, 안토니우스 피우스, 마르쿠스 아우렐리우스) 시대를 거치면서 역사상 인류가 가장 행복했던 시기라고 평가하는 팍스로마나(Fax Romana)를 실현했다. 이때부터 도시국가 이념과는 상반되는 개인 숭배가 생겨나서 평화와 질서를 회복한 아우구스투스는 새로운 평화 세대의 구세주로 숭앙받게 된다.

로마는 정복지의 문화와 신을 인정하는 다문화 다신교 정책으로 제국의 통합과 번영을 누렸지만, 저항하는 민족은 철저하게 응징했다. 이후, 무력을 가진 군인이 제위를 차지하면서 황제들은 권력 다툼으로 단명하게 되었고, 군인들의 충성을 얻기 위해 남발된 재정은 국가를 위기로 내몰았다. 결국, 게르만족이 국경을 넘어 침입했고 페르시아가 강성해져 소아시아 국경이 무너지기 시작하자 이를 감당할 수 없었던 로마제국은 쇠퇴하기 시작했다.

동분서주하며 외적과 맞섰던 마르쿠스 아우렐리우스(재위 161~180년) 때부터 동부 국경에서는 파르티아군의 침입을 받았고, 제국 각지에 전염병이 만연해서 인구는 현저하게 감소했다. 황제는 특히 북쪽 변경 수비에 몰두했지만, 다뉴브강 중류 유역에서 밀려온 게르만족의 침입을 끝내 저지하지 못하고 그들 일부에게 제국 내의 토지를 주어 소작농으로 만들고 그들에게 제국의 방위를 맡길 수밖에 없었다.

로마제국은 3세기에 대내외적으로 동란 시대를 겪으면서 사회 경제 정치적인 모든 면에서 혼란을 경험하게 된다. 이 시대의 끝 무렵에 제위에 오른 황제가 디오클레티아누스와 콘스탄티누스였다. 그리스도교 박멸을 목적으로 하는 최초의 조직적인 시도가 보이기 시작한 것도 이 시기인데, 과거 네로는 로마 대화재의 책임을 그리스도교에 덮어씌웠고, 트리아누스 황제 때는 그리스도교라고 고백하는 것만으로도 사형에 처했다. 이 내란의 시기를 수습하고 로마제국에 평화를 가져온 가이우스 디오클레티아누스(재위 285~305년)

는 변경 수비를 또다시 굳게 하고 통치 기구를 정비해서 로마를 중앙집권적인 관료국가로 바꾸었다.

디오클레티아누스는 AD 286년 부제(副帝)인 막시미아누스를 정제(正帝)로 승진시켜 그에게 서방 통치를 맡기고 자신은 동방의 통치를 맡았으나 293년에는 다시 부제를 각각 새로 임명하여, 사분통치제(四分統治制)를 확립했다. 이처럼 그가 황제로 통치할 때부터 로마제국은 한 명의 황제가 통치하기에 너무 크고 복잡하다는 이유로 4등분 되어 통치되었지만, 로마제국은 더욱 혼란스러워졌고 정치 투쟁은 가열되었다.

디오클레티아누스가 세운 전제군주정치체제를 한층 견고하게 한 것은 황제 퇴위 후 내란을 수습한 콘스탄티누스 1세(재위 306~337년)였다. 그는 312년 하늘에서 십자가의 표지를 보고 대립자 막센티우스를 격파하고 로마로 입성한 다음 313년 밀라노에서 그리스도교를 공인하는 칙령(밀라노 칙령)을 발표했다. 그는 325년에 니케아에서 종교회의를 열고 교의 논쟁을 해결하려 했다. 이어서 330년 새로운 수도 콘스탄티노플에서 제국과 그리스도교의 결합을 더욱더 굳건히 했다. 그는 라인 다뉴브의 국경선에서 게르만인을 격퇴하는 한편, 게르만인을 제국 영내에 정주하게 해서 국가 방위를 맡기기도 했다.

콘스탄티누스 1세에 의해서 군사국가 체제는 더욱 강화되었다. 그의 사후 그의 아들들과 일족의 내분으로 제국은 황폐화했는데 그가 이끌던 역사의 흐름에 역행해서 F. C. 율리아누스(재위 361~363년)는 전통적 제의(祭儀)와 이교(異敎)를 부흥시켜 그리스도교를 공격하고, 로마 고제(古制)의 회복을 꾀하였으나 페르시아와의 전쟁에서 전사하고 그의 치세는 단명으로 끝났다.

마침내 395년 로마제국은 동서로 분열되어 이탈리아, 이베리아반도와 북아프리카를 지배했던 서로마제국은 476년에 멸망하고 소아시아 지역을 지배했던 비잔티움 제국(동로마제국)은 1453년까지 존속했다.

2) 쇠와 진흙으로 된 발과 열 발가락이 상징하는 분열된 로마제국(AD 476~지금까지)

AD 363년 율리아누스 황제가 죽은 뒤 로마에는 동방에서나 라인·다뉴브강 쪽에서 이민족의 침입이 되풀이되었다. 서부를 통치하던 발렌티니아누스 1세(재위 364~375년)와 그의 동생 동제(東帝) 발렌스(재위 364~378년)의 활약도 소용없었다.

365년 동부에서는 고트족이 반란을 일으켰고, 376년 흉노족에게 쫓긴 서고트족이 제국 안에 정주할 땅을 찾아 남하하면서 고트족들과 함께 트라키아 전토를 짓밟고 마침내 발렌스의 군대를 괴멸시켰다. 그동안 내외의 위기를 헤쳐나가기 위해 로마는 완전히 군사국가화했으나 그 군대는 거의 이방인들로 구성되었다. 고트족은 한때 테오도시우스 1세(재위 379~395년)에게 쫓겨났으나 결국 382년의 협정에 따라 제국 영내에 정주할 것을 허락받았다.

테오도시우스 1세는 교리 논쟁과 종교 정책을 통해 그리스도교를 국교로 하고(380년), 전통적인 제의를 금지하고 이단을 억압했다. 그는 로마제국 전토를 통치할 수 있었던 마지막 황제로서 제국이 날로 쇠퇴해 가던 394년, 제국을 둘로 나누어 두 아들에게 분할했다. 그가 죽자(395년) 제국은 최종적으로 동서로 분리되어 동반부는 아르카디우스, 서반부는 호노리우스가 영유했다.

서로마제국에서는 정치의 실권을 게르만인 무장인 스틸리코가 장악했으나 그가 처형된 뒤 각지에 황제가 난립해서 정정(政情)은 어지러웠다. 410년에는 서고트족이 로마시를 점령했다. 그 뒤 서고트족은 방향을 돌려 에스파니아로 이동했으며 역시 게르만인이었던 반달족은 아프리카로 진출해서 각각 왕국을 세웠다. 또 부르군트족과 프랑크족도 갈리아에 침입하고 섹슨족은 브리튼섬으로 건너갔다. 한편 로마의 장군 아이티우스는 서고트와 힘을 합쳐 아틸라가 이끄는 훈족을 격퇴(AD 451)했으나 455년 로마시는 반달족에게 약탈당했다. 그 후에는 게르만인 장군이 로마의 정치적 실권을 쥐게 되고 결국 게르만인 용병대장 오도아케르가 로물루스 아우구스툴루스 황제를 폐하여 서로마제국은 멸망했다(AD 476).

로마제국이 쇠약해져 가면서 AD 375년경부터 북유럽에서 남하하기 시작한 게르만족에 의해서 서로마제국은 10조각으로 나누어졌는데, 서로마제국의 영토를 차지한 게르만 10종족의 이름과 이들 현재 국가의 이름은 다음과 같다. 앵글로 색슨(영국), 프랑코(프랑스), 알레마니(독일), 부르군드(스위스), 롬바르드(이탈리아), 서고트(스페인), 수에비(포르투칼), 반달(멸망), 동고트(멸망), 헤룰리(멸망). 이렇게 해서 남은 7부족만이 오늘날까지 유럽에서 강력한 현대 국가의 형태로 남아 있다. 그러나 서유럽에서는 로마제국의 이념과 전통이 결코 소멸되지 않았다.

기원후 800년, 샤를마뉴 대제의 대관식(戴冠式)은 로마제국의 부흥을 의미했고, 또 '로마 황제'라는 호칭은 오토 2세 이후 줄곧 사용되어, '신성로마제국'이라는 국호로 알 수 있듯이 황제들은 로마적·그리스도교적 전통의 보호자로서 그 권위를 지켜갔다.

한편 동로마제국은 서로마제국에 비해 경제적·문화적으

로 활력이 있었고, 통치 기구도 정비되어 있었으므로 서쪽의 로마제국이 멸망한 뒤에도 명맥을 유지하여 동로마제국(비잔틴 제국), 즉 로마제국의 정통으로서 1453년 오스만투르크에 의해 멸망할 때까지 존속했다.

8 다니엘에게 계시된 영원한 예언

느부갓네살 왕이 꿈에서 보았던 신상의 환상을 해석했던 다니엘은 노년에 이르러 느부갓네살 왕의 꿈으로가 아니라 하나님께 직접, 앞으로 전개될 역사의 소용돌이를 생생하게 계시받았다. 이 환상계시에서 다니엘 선지자는 느부갓네살 왕의 꿈에 나타났던 신상의 부위별로 상징된 패권 국가의 출현을 더 세세하게 예언하고 있다. "바벨론 벨사살 왕 원년에 다니엘이 그의 침상에서 꿈을 꾸며 머릿속으로 환상을 받고 그 꿈을 기록하며 그 일의 대략을 진술하니라 다니엘이 진술하여 이르되 내가 밤에 환상을 보았는데 하늘의 네 바람이 큰 바다로 몰려 불더니 큰 짐승 넷이 바다에서 나왔는데 그 모양이 각각 다르더라 첫째는 사자와 같은데 독수리의 날개가 있더니 내가 보는 중에 그 날개가 뽑혔고 또 땅에서 들려서 사람처럼 두 발로 서게 함을 받았으며 또 사람의 마음을 받았더라 또 보니 다른 짐승 곧 둘째는 곰과 같은 데 그것이 몸 한쪽을 들었고 그 입의 잇사이에는 세 갈빗대가 물렸는데 그것에게 말하는 자들이 있어 이르기를 일어나서 많은 고기를 먹으라 하였더라 그 후에 내가 또 본즉 다른 짐승 곧 표범과 같은 것이 있는데 그 등에는 새의 날개 넷이 있고 그 짐승에게 또 머리 넷이 있으며 권세를 받았더라 내가 밤 환상 가운데에 그다음에 본 넷째 짐승은 무섭고 놀라우며 또 매우 강하며 또 쇠로 된 큰 이가 있어서 먹고 부서뜨리고 그 나머지를 발로 밟았으며 이 짐승은 전의 모든 짐승과 다르고 또 열 뿔이 있더라 내가 그 뿔을 유심히 보는 중에 다른 작은 뿔이 그 사이에서 나더니 첫 번째 뿔 중의 셋이 그 앞에서 뿌리까지 뽑혔으며 이 작은 뿔에는 사람의 눈 같은 눈들이 있고 또 입이 있어 큰 말을 하였더라"(단 7:1~8). "나 다니엘이 중심에 근심하며 내 머릿속의 환상이 나를 번민하게 한지라 내가 그 곁에 모셔 선 자들 중 하나에게 나아가서 이 모든 일의 진상을 물으매 그가 내게 말하여 그 일의 해석을 알려 주며 이르되 그 네 큰 짐승은 세상에 일어날 네 왕이라 지극히 높으신 이의 성도들이 나라를 얻으리니 그 누림이 영원하고 영원하고 영원하리라 이에 내가 넷째 짐승에 관하여 확실히 알고자 하였으니 곧 그것은 모든 짐승과 달라서 심히 무섭더라 그 이는 쇠요 그 발톱은 놋이니 먹고 부서뜨리고 나머지는 발로 밟았으며 또 그것의 머리에는 열 뿔이 있고 그 외에 또 다른 뿔이 나오매 세 뿔이 그 앞에서 빠졌으며 그 뿔에는 눈도 있고 큰 말을 하는 입도 있고 그 모양이 그의 동류보다 커 보이더라 내가 본즉 이 뿔이 성도들과 더불어 싸워 그들에게 이겼더니 옛적부터 항상 계신 이가 와서 지극히 높으신 이의 성도들을 위하여 원한을 풀어 주셨고 때가 이르매 성도들이 나라를 얻었더라 모신 자가 이처럼 이르되 넷째 짐승은 곧 땅의 넷째 나라인데 이는 다른 나라들과는 달라서 온 천하를 삼키고 밟아 부서뜨릴 것이며 그 열 뿔은 그 나라에서 일어날 열 왕이요 그 후에 또 하나가 일어나리니 그는 먼저 있던 자들과 다르고 또 세 왕을 복종시킬 것이며 그가 장차 지극히 높으신 이를 말로 대적하며 또 지극히 높으신 이의 성도를 괴롭게 할 것이며 그가 또 때와 법을 고치고자 할 것이며 성도들은 그의 손에 붙인 바 되어 한 때와 두 때와 반 때를 지내리라 그러나 심판이 시작되면 그는 권세를 빼앗기고 완전히 멸망할 것이요 나라와 권세와 온 천하 나라들의 위세가 지극히 높으신 이의 거룩한 백성에게 붙인 바 되리니 그의 나라는 영원한 나라이라 모든 권세 있는 자들이 다 그를 섬기며 복종하리라 그 말이 이에 그친지라 나 다니엘은 중심에 번민하였으며 내 얼굴빛이 변하였으나 내가 이 일을 마음에 간직

하였느니라"(단 7:15~28).

하나님께서는 세계적인 대제국 중에서 특별히 하나님의 백성이 거주하는 지역을 중심으로 출현했다가 명멸해 간 제국들의 흥망성쇠를 보여주셨다. 하나님의 예언에서 당시 대제국이었던 인도와 중국에 대한 언급은 없다. 그리고 장차 몽골 제국과 미국과 소련의 출현도 언급되지 않는다. 그러므로 종말론과 요한계시록을 강해하면서 다니엘서가 기록한 '네 짐승의 출현'을 통일된 EU연합국과 미국과 중공과 소련과 관련해서 언급하는 것은 잘못된 해석이다.

다니엘 선지자는 세상 가운데 출현하게 될 그 패권 국가의 등장 이후 최후로 뜨인 돌이 태산을 이루어 온 세상에 가득하게 될 영원한 나라의 출현을 구체적으로 예언하고 있다. 이 최후의 나라는 예수 그리스도의 재림과 함께, 저 우주 끝에서가 아니라, 이 세계 안에서 나타나게 될 것이다. 그리고 그 마지막 제국은 영원한 나라가 될 것이다.

다니엘 선지자가 받은 환상(단 7:1~8, 15~28)은 느부갓네살 왕이 꾸었던 꿈(단 2:31~45)과 똑같은 세계 역사의 진행 순서를 다른 표상과 상징, 곧 네 종류의 짐승으로 반복 설명된다.

네 짐승을 출현시키는 바람 부는 바다에서 '바람'은 전쟁을 상징한다. 특히 인간의 야망과 이해관계가 얽혀 발생하는 정치적 소용돌이와 전쟁을 암시한다. 그렇다. 다니엘 선지자의 환상이 예언하고 있는 네 제국의 출현 시까지 세계는 피비린내 나는 정복 전쟁의 연속이었다. 바다가 상징하고 있듯이 민족들이 군집하여 바다 물결처럼 아우성치는 전쟁의 소리로 근동 지방은 혼란스러웠다.

느부갓네살 왕의 신상 꿈에서 순금 머리로 상징된 바벨론제국(단 2:32, 38)은 독수리의 날개를 가진 사자(단 7:4)로, 은으로 된 가슴과 양팔로 상징된 페르시아제국(단 2:32, 39)은 잇새에 세 갈빗대를 물고 몸 한 편을 들고 있는 곰(단 7:5)으로, 놋으로 된 배와 넓적다리로 상징된 헬라제국(단 2:32, 39)은 새의 날개 넷을 가진 표범(단 7:6)으로, 쇠로 된 종아리와 쇠와 진흙이 섞인 열 발가락으로 상징된 로마제국(단 2:34, 40)은 열 뿔을 가지고 큰 쇠 이와 놋 발톱으로 먹고 부서뜨리고 발로 밟는 극히 강한 짐승(단 7:7)으로 다니엘의 환상에서 예언되었다.

여기서 한 걸음 더 나아가 다니엘 선지자는 이 네 번째 짐승의 열 뿔 가운데 세 개의 뿔을 뿌리째 뽑고 등장하는 작은 뿔의 출현까지 예언한다(단 7:8). 이 뿔의 출현으로 다니엘은 근심하게 되는데, 이유는 이 작은 뿔이 성도들을 핍박하고 지극히 높으신 하나님을 대적할 것이기 때문이었다(단 7:21, 25). 그러나 다니엘 선지자는 다가오는 복된 미래를 바라보며 하나님의 백성에게 소망을 잃지 말 것을 격려한다. 그 내용인즉 '뜨인 돌'(단 2:34)이 신상을 쳐서 부서뜨리게 하는 자이신 '옛적부터 항상 계신 자'(단 7:22)가 이 땅에 오셔서 네 번째 짐승 곧 로마제국에서 생겨 나올 작은 뿔[네 번째 짐승의 열 뿔(분열된 로마제국) 가운데서 세 개의 뿔을 뿌리째 뽑고 등장하는 작은 뿔]을 심판하셔서 당신의 백성을 신원하시고, 영원한 나라를 상속하게 하신다는 것이다 (단 2:35, 44; 7:22, 27).

다니엘 선지자의 나이가 20세를 갓 넘었을 때, 그가 깨달았던 느부갓네살 왕의 꿈과 해석(단 2:31~45)은 세계적인 대제국을 세우고 영속화하기 위해서 골몰해 있던 느부갓네살 왕의 야망을 산산조각 내었다. 이에 반해 다니엘 선지자가 70세가 가까웠을 때 보았던 환상과 해석(단 7:1~8, 15~28)은 하나님께로부터 직접 받은 계시로서 느부갓네살의 꿈과 해석을 더욱 구체화시켜 대제국의 흥망성쇠와 하나님의 나라, 하나님의 백성의 미래를 좀 더 상세히 예언하고 있다.

느부갓네살 왕의 꿈과 해석, 다니엘 선지자의 환상과 해석을 종합해 보면 장차 세계 역사는 빙하시대, 온난화, 3차 세계대전, 식량난, 환경오염, 천재지변, 핵폭발로 종결되는 것이 아니라, '뜨인 돌'(단 2:34, 손대지 아니한 돌)이 날아와야, 곧 '옛적부터 항상 계신 자'(단 7:22)가 오셔야 종결됨을 알 수 있다.

옛적부터 항상 계신 자가 오시는 그 날, 곧 하나님께서 맏아들신 예수 그리스도를 이끌어 이 세상에 다시 들어오게 하시는 날, 오른 편의 양인 하나님의 백성에게 창세로부터 예비된 영원한 나라, 곧 영생이 주어지게 될 것이다. "또 그가 맏아들을 이끌어 세상에 다시 들어오게 하실 때에 하나님의 모든 천사들은 그에게 경배할지어다 말씀하시며"(히 1:6). "인자가 자기 영광으로 모든 천사와 함께 올 때에 자기 영광의 보좌에 앉으리니 모든 민족을 그 앞에 모으고 각각 구분하기를 목자가 양과 염소를 구분하는 것같이 하여 양은 그 오른편에 염소는 왼편에 두리라 그때에 임금이 그 오른편에 있는 자들에게 이르시되 내 아버지께 복 받을 자들이여 나아와 창세로부터 너희를 위하여 예비된 나라를 상속받으라"(마 25:31~34). "또 왼편에 있는 자들에게 이르시되 저주를 받은 자들아 나를 떠나 마귀와 그 사자들을 위하여 예비된 영원한 불에 들어가라"(마 25:41). "그들은 영벌에, 의인들은 영생에 들어가리라 하시니라"(마 25:46). 이처럼 창세로부터 예비된 영원한 나라를 상속받음(마 25:34)은, 영생을 받게 됨(마 25:46)이다.

그 날에 하나님의 백성은 신령한 몸을 덧입고, 영생의 영광 가운데 나타나게 될 것이다. "죽은 자의 부활도 그와 같으니 썩을 것으로 심고 썩지 아니할 것으로 다시 살아나며 욕된 것으로 심고 영광스러운 것으로 다시 살아나며 약한 것으로 심고 강한 것으로 다시 살아나며 육의 몸으로 심고 신령한 몸으로 다시 살아나나니 육의 몸이 있은즉 또 영의 몸도 있느니라"(고전 15:42~44). "무릇 흙에 속한 자들은 저 흙에 속한 자와 같고 무릇 하늘에 속한 자들은 저 하늘에 속한 이와 같으니 우리가 흙에 속한 자의 형상을 입은 것같이 또한 하늘에 속한 이의 형상을 입으리라"(고전 15:48~49). "보라 내가 너희에게 비밀을 말하노니 우리가 다 잠잘 것이 아니요 마지막 나팔에 순식간에 홀연히 다 변화되리니 나팔 소리가 나매 죽은 자들이 썩지 아니할 것으로 다시 살아나고 우리도 변화되리라 이 썩을 것이 반드시 썩지 아니할 것을 입겠고 이 죽을 것이 죽지 아니함을 입으리로다 이 썩을 것이 썩지 아니함을 입고 이 죽을 것이 죽지 아니함을 입을 때에는 사망을 삼키고 이기리라고 기록된 말씀이 이루어지리라"(고전 15:51~54). "우리가 잠시 받는 환난의 경한 것이 지극히 크고 영원한 영광의 중한 것을 우리에게 이루게 함이니 우리가 주목하는 것은 보이는 것이 아니요 보이지 않는 것이니 보이는 것은 잠깐이요 보이지 않는 것은 영원함이라"(고후 4:17~18). "참으로 우리가 여기 있어 탄식하며 하늘로부터 오는 우리 처소로 덧입기를 간절히 사모하노라 이렇게 입음은 우리가 벗은 자들로 발견되지 않으려 함이라 참으로 이 장막에 있는 우리가 짐 진 것같이 탄식하는 것은 벗고자 함이 아니요 오히려 덧입고자 함이니 죽을 것이 생명에 삼킨 바 되게 하려 함이라"(고후 5:2~4). "그는 만물을 자기에게 복종하게 하실 수 있는 자의 역사로 우리의 낮은 몸을 자기 영광의 몸의 형체와 같이 변하게 하시리라"(빌 3:21). "이는 너희가 죽었고 너희 생명이 그리스도와 함께 하나님 안에 감추어졌음이라 우리 생명이신 그리스도께서 나타나실 그 때에 너희도 그와 함께 영광 중에 나타나리라"(골 3:3~4).

다니엘 선지자의 환상에서 독수리의 날개를 받은 사자가 흉흉하는 바다 가운데서 출현한다. 그러나 곧 날개가 뽑히며 이 첫 번째 짐승은 '사람의 마음'을 받는다(단 7:4). 느부갓네살 왕의 꿈에서 신상의 순금 머리(단 2:32)였던 바벨론 제국은 실제로도 엄청난 양의 금으로 신전을 꾸몄는데 신상과 보좌와 제단 모두를 순금으로 장식했다. 이 제국의 성벽은 높이가 200피트에 달했고, 성벽의 넓이는 그 위에서 마차 3대가 지나갈 정도의 두께였다. 자신의 제국이 영원하기를 열망했던 느부갓네살 왕은 바벨론 성벽 벽돌 하나하나에 자신의 이름을 새겨 두었는데 한 비석에는 "내 눈을 기쁘게 하는 바벨론의 영광이여 영원히 지속될지어다."라고 자신의 포부를 새겨 두었다. 고고학적으로 살펴보아도 바벨론은 사자를 국가의 상징물로 사용했는데, 지금도 바벨론의 성벽에는 사자가 조각되어 있다. 우리는 거대한 돌사자가 앉아 있는 조각품을 지금도 마주 보고 있다. 그러나 바벨론제국은 '사람의 마음을 받았다'고 했듯이 느부갓네살 왕의 사후에 바벨론 왕들은 실제로도 연약하기 그지없었다. 결국, 바벨론제국은 독수리의 날개를 가진 사자로서 그들의 황금 빛나는 영광이 영원히 지속될 줄 알았으나, 다니엘의 환상이 예언했듯 사자의 날개가 뽑히고 말았으니, 느부갓네살 왕의 시대에 극성기를 누렸던 바벨론제국은 급격히 약화되어 갔다.

독수리의 날개를 가진 사자의 출현에 이어서 잇새에 세 갈빗대를 물고 몸 한편을 든 곰이 출현해서 많은 고기를 먹는다(단 7:5). 이 짐승이 상징하는 제국은 페르시아다. 이 짐승은 '몸 한 편'을 들고 있다고 했다. 이는 두 번째 짐승의 제국인 페르시아가 세력의 균형이 잡히지 않은 두 나라로 이루어짐을 예언한 것인데, 실제로도 메대와 바사의 연합국인 페르시아제국은 처음에는 메대가 주도권을 잡고 있었다. 그러나 바사의 고레스 대왕 이후 메대는 페르시아에 흡수된다. 이 짐승의 이빨 사이에는 세 갈빗대가 물려 있었다. 실제, 페르시아제국은 바벨론제국보다도 더 많은 살육을 통해 리디아와 바벨론과 이집트 세 이웃 지역을 초토화 시켰다.

먹성 좋은 곰의 출현 이후 새의 날개를 4개나 달고 있는 표범이 출현한다(단 7:6). 그런데 이 표범은 머리가 4개였다. 표범은 원래 민첩한 동물인데 새의 날개를 4개나 달고 있으니 그 빠르기는 상상을 불허할 지경이다. 헬라제국을 창시한 알렉산더는 약관 20대에 왕이 되어 25세부터 정복 전쟁을 시작해서 33세의 젊은 나이로 요절할 때까지 가장 짧은 시간에 가장 넓은 땅을 점령했다. 인도의 갠지스강까지 가서 더는 정복할 나라가 없다고 울었던 일화는 유명하다. 그는 3만 5천 명의 기마부대와 70달란트의 군자금, 그리고 1개월분의 군량미를 가지고 페르시아제국과 소아시아를 정복했다. 그가 임종 전에 수하 장군들이 찾아와 대제국의 장래를 물었을 때, "힘 센 자가 차지하라."는 유명한 유언을 남기기도 했다. 그의 유언대로 그의 사후 헬라제국은 그의 충복이었던 4명의 장군인 카산더, 리시마쿠스, 셀루쿠스, 톨레미에 의해 분할 통치되었다. 다니엘의 환상에서 이 표범의 머리가 4개였는데, 정확하게 헬라제국은 4등분 되었다.

네 번째로 열 뿔이 달린 무시무시한 짐승이 출현한다. 이무섭고 놀랍고 매우 강한 짐승은 큰 쇠 이와 놋 발톱으로 먹고 부서뜨리고 발로 밟았다(단 7:7). 이 짐승이 상징하는 제국은 로마이다. 살펴본 대로 로마는 라틴인의 강철 같은 의지로 지금의 유럽 대륙 전체와 터키와 소아시아 전역, 아프리카까지 무참하게 짓밟았다. 그리고 5현제(네르바, 트라야누스, 하드리아누스, 안토니우스 피우스, 마르쿠스 아우렐리우스) 시대에 이르러서는 세계 역사 최초이자 최후라고 일컬어지는 풍랑 이는 바다의 물결을 잠재우고 팍스 로마나(Fax Romana) 시대를 구축했다. 그러나 알렉산더의 헬라제국이 머리가 4개 달린 표범이 상징했던 것처럼 4개의 조각으로 나누어졌듯이 그토록 오랫동안 강력했던 최강의 제국 로마도 기울어가는 국운을 거스르지 못하고 앞서 살펴본 대로 북유럽에서 남하한 케르만 10종족에 의해서 10개의 권역으로 나누어졌다.

마지막으로 네 번째 짐승의 열 뿔 가운데서 세 뿔을 뿌리째 뽑아 버리고 작은 뿔이 출현한다(단 7:8). 이 작은 뿔은 네 번째 짐승에 뿌리를 두고 있다. 그리고 이 작은 뿔은 예수 '그리스도의 재림 때'까지 세계 역사 가운데 존재하게 될 것이다. "또 왕이 보신즉 손대지 아니한 돌이 나와서 신상의 쇠와 진흙의 발을 쳐서 부서뜨리매"(단 2:34~35). "내가 밤 환상 가운데에 그다음에 본 넷째 짐승은 무섭고 놀라우며 또 매우 강하며 또 쇠로 된 큰 이가 있어서 먹고 부서뜨리고 그 나머지를 발로 밟았으며 이 짐승은 전의 모든 짐승과 다르고 또 열 뿔이 있더라 내가 그 뿔을 유심히 보는 중에 다른 작은 뿔이 그 사이에서 나더니 첫 번째 뿔 중의 셋이 그 앞에서 뿌리까지 뽑혔으며 이 작은 뿔에는 사람의 눈 같은 눈들이 있고 또 입이 있어 큰 말을 하였더라"(단 7:7~8). "또 그것의 머리에는 열 뿔이 있고 그 외에 또 다른 뿔이 나오매 세 뿔이 그 앞에서 빠졌으며 그 뿔에는 눈도 있고 큰 말을 하는 입도 있고 그 모양이 그의 동류보다 커 보이더라 내가 본즉 이 뿔이 성도들과 더불어 싸워 그들에게 이겼더니 옛적부터 항상 계신 이가 와서 지극히 높으신 이의 성도들을 위하여 원한을 풀어 주셨고 때가 이르매 성도들이 나라를 얻었더라"(단 7:20~22). "형제들아 우리가 너희에게 구하는 것은 우리 주 예수 그리스도의 강림하심과 우리가 그 앞에 모임에 관하여 영으로나 또는 말로나 또는 우리에게서 받았다 하는 편지로나 주의 날이 이르렀다고 해서 쉽게 마음이 흔들리거나 두려워하거나 하지 말아야 한다는 것이라 누가 어떻게 하여도 너희가 미혹되지 말라 먼저 배교하는 일이 있고 저 불법의 사람 곧 멸망의 아들이 나타나기 전에는 그 날이 이르지 아니하리니 그는 대적하는 자라 신이라고 불리는 모든 것과 숭배함을 받는 것에 대항하여 그 위에 자기를 높이고 하나님의 성전에 앉아 자기를 하나님이라고 내세우느니라 내가 너희와 함께 있을 때에 이 일을 너희에게 말한 것을 기억하지 못하느냐 너희는 지금 그로 하여금 그의 때에 나타나게 하려 하여 막는 것이 있는 것을 아나니 불법의 비밀이 이미 활동하였으나 지금은 그것을 막는 자가 있어 그중에서 옮겨질 때까지 하리라 그때에 불법한 자가 나타나리니 주 예수께서 그 입의 기운으로 그를 죽이시고 강림하여 나타나심으로 폐하시리라"(살후 2:1~8).

첫째 둘째 셋째 넷째 나라인 바벨론제국과 페르시아제국과 헬라제국과 로마제국이 살펴본 대로 역사상에서 명멸해 갔던 실제 국가들이었기 때문에 예수 그리스도의 재림으로 말미암는 하나님의 나라가 완성되기 직전에 출현하는 작은 뿔의 정체도 역사상에서 그 흔적의 자취를 살펴보아야 한다.

종아리가 쇠로 된 강성한 나라에서 쇠와 진흙으로 결합된 열 발가락(단 2:40~43)으로 분리되고 나아가서 열 발가락 곧 열 뿔 가운데서 세 뿔을 복속시키고 등장하는 작은 뿔의 존재(단 7:7~8)는 그 어떤 경우에도 상징적으로 해석해서는 안 된다. 그의 존재 역시 역사적 자료에서 그 출현과 정체를 살펴보아야 한다.

넷째 나라는 쇠와 같이 강력해서 뭇 나라를 부수고 빻은 것처럼 모든 나라를 복속시킬 것이지만, 장차 그 나라가 열 발가락으로 나뉠 것인데 열 개로 나뉜 나라 중 얼마는 쇠처럼 강력할 것이나 얼마는 진흙처럼 미약할 것이라고 했다. 그런데도 많은 종말론자가 열 발가락 곧 열 뿔이 유럽연합 제국으로 합쳐질 것이라고 선동했다. 그러나 쇠와 진흙으로 나뉜 열 개 나라들은 다니엘의 예언대로 이후 다른 민족과 서로 섞일 것이나 쇠와 진흙이 합쳐지지 않음과 같이 그들이 피차에 다시는 하나의 나라로 합쳐지지 못할 것이다. 오로지 '작은 뿔'만이 예수 그리스도 재림 때까지 다니엘서 예언의 최후 성취로 역사상에서 존재하게 된다.

느부갓네살 왕의 꿈에서 '뜨인 돌'(손대지 아니한 돌)'은 신상의 머리를 친 것이 아니다. 가슴이나 양팔을 친 것도 아니다. 배와 넓적다리를 친 것도 아니다. 종아리를 친 것도 아니다. 열 발가락의 발을 쳤다. "또 왕이 보신즉 손대지 아니한 돌이 나와서 신상의 쇠와 진흙의 발을 쳐서 부서뜨리매"(단 2:34).

느부갓네살 왕의 꿈에서 신상의 '열 발가락'은 다니엘의 환상에서 '열 뿔'에 해당한다. "내가 밤 환상 가운데에 그다음에 본 넷째 짐승은 무섭고 놀라우며 또 매우 강하며 또 쇠로 된 큰 이가 있어서 먹고 부서뜨리고 그 나머지를 발로 밟았으며 이 짐승은 전의 모든 짐승과 다르고 또 열 뿔이 있더라"(단 7:7).

예수 그리스도 곧 '옛적부터 항상 계신 자'(단 7:22)는 네 번째 짐승의 열 뿔 가운데 세 뿔이 뿌리째 뽑히고 작은 뿔이 생겨 나온 이후 그 작은 뿔을 심판하시기 위해 이 땅에 다시 오신다. "모신 자가 이처럼 이르되 넷째 짐승은 곧 땅의 넷째 나라인데 이는 다른 나라들과는 달라서 온 천하를 삼키고 밟아 부서뜨릴 것이며 그 열 뿔은 그 나라에서 일어날 열 왕이요 그 후에 또 하나가 일어나리니 그는 먼저 있던 자들과 다르고 또 세 왕을 복종시킬 것이며 그가 장차 지극히 높으신 이를 말로 대적하며 또 지극히 높으신 이의 성도를 괴롭게 할 것이며 그가 또 때와 법을 고치고자 할 것이며 성도들은 그의 손에 붙인 바 되어 한 때와 두 때와 반 때를 지내리라 그러나 심판이 시작되면 그는 권세를 빼앗기고 완전히 멸망할 것이요 나라와 권세와 온 천하 나라들의 위세가 지극히 높으신 이의 거룩한 백성에게 붙인 바 되리니 그의 나라는 영원한 나라이라 모든 권세 있는 자들이 다 그를 섬기며 복종하리라"(단 7:23~27). "누가 어떻게 하여도 너희가 미혹되지 말라 먼저 배교하는 일이 있고 저 불법의 사람 곧 멸망의 아들이 나타나기 전에는 그 날이 이르지 아니하리니 그는 대적하는 자라 신이라고 불리는 모든 것과 숭배함을 받는 것에 대항하여 그 위에 자기를 높이고 하나님의 성전에 앉아 자기를 하나님이라고 내세우느니라 내가 너희와 함께 있을 때에 이 일을 너희에게 말한 것을 기억하지 못하느냐 너희는 지금 그로 하여금 그의 때에 나타나게 하려 하여 막는 것이 있는 것을 아나니 불법의 비밀이 이미 활동하였으나 지금은 그것을 막는 자가 있어 그중에서 옮겨질 때까지 하리라 그 때에 불법한 자가 나타나리니 주 예수께서 그 입의 기운으로 그를 죽이시고 강림하여 나타나심으로 폐하시리라"(살후 2:3~8). 그 날에 창세로부터 예비된 영원한 나라 곧 마지막 제국은 저 우주 끝이 아니라 이 세계 안에 이 역사 속에 그 실체를 드러낸다.

9 작은 뿔의 정체를 알아 가는 첫 단추는 '교황권'과 '교황령'이다

역사적으로 출현했던 작은 뿔의 정체를 알기 위해 먼저 '교황권과 교황령'에 관해 알아야 한다.

(1) 교황권(敎皇權): 로마교회의 주교로서 교황은 콘스탄티누스 대제로부터 라테란 궁전과 세속의 재판권까지 부여받으면서 일반 시민도 돌보게 되는데, 서로마제국이 멸망한 후에는 대지주로서의 정치·경제력을 증가시켜 8세기에는 교황령(敎皇領)을 가지기에 이르렀다. 그의 정치권력은 내외 정세에 좌우되는 경향이 있어서 1870년 교황령이 이탈리아 왕국에 병합되기까지 흥망성쇠를 거듭했다.

서로마제국의 몰락과 함께 서로마 황제가 없어진 후, 로마 사람들은 교회를 중심으로 하는 정치 조직을 유일한 국가 조직으로 생각하게 되었으며 로마 주교를 전체 가톨릭교회의 교황으로 섬기게 되었다. 사실상 교황 레오 1세는 AD

45년에 훈족의 왕 아틸라 군대의 로마 침입을 막아 내고, 교황 그레고리 1세(AD 560~604)는 롬바르드족의 침입을 막으면서 로마 국왕의 역할을 맡게 된다.

AD 330년에 콘스탄틴 대제가 수도를 서방의 로마로부터 동방의 콘스탄티노플로 옮김으로써 로마교회의 주교는 자연히 황제의 위치에 서게 되고, 제국 국가는 망한 것이 아니라, 교황 로마로 형태를 바꾸어 교황이 중세기 천 년 세계사와 교회사를 지배하는 전무후무한 권력의 특이한 체제를 형성하게 된다. 이런 점에서 교황권은 먼저 있던 뿔들과 달랐다. "모신 자가 이처럼 이르되 넷째 짐승은 곧 땅의 넷째 나라인데 이는 다른 나라들과는 달라서 온 천하를 삼키고 밟아 부서뜨릴 것이며 그 열 뿔은 그 나라에서 일어날 열 왕이요 그 후에 또 하나가 일어나리니 그는 먼저 있던 자들과 다르고 또 세 왕을 복종시킬 것이며"(단 7:23~24).

중세의 기독교 역사는 교황과 교황청의 역사라고 해도 과언이 아니다. 이유는 기독교가 교황의 지도 아래 성장했을 뿐만 아니라 교황이 기독교계를 이끌었기 때문이다. 교황은 기독교 세계의 최고 지도자로, 곧 '신의 지상 대리자'의 지위를 누리며 종교뿐만 아니라 정치에서도 강력한 최고의 권위를 행사할 수 있는 지위까지 성장하게 되었다.

14세기의 아비뇽 유폐와 대립, 교황 간의 대분열(1378

~1417)과 그 후 종교개혁자나 계몽주의자들의 공격으로 교황권이 실추되기도 했지만, 트리엔트 공의회(1545~1563)와 제1차 바티칸 공의회(1869~1870)에 의해서 교황권은 조직적으로 명확해졌다. 주교단과의 관계도 제2차 바티칸 공의회(1962~65)에 의해서 교황은 그리스도의 대리자로서 전 교회 위에 최고 완전의 기능을 지니며 그것을 단독으로 자유로이 행사하는 것도 주교단의 머리로서 주교단과 함께 행사할 수 있게 되었다.

기독교가 로마제국에서 313년에 공인받아 392년 국교로 발전할 무렵 지중해 세계에는 5대 주교구가 있었다(예루살렘, 알렉산더리아, 안티오키아, 콘스탄티노플, 로마). 이 가운데서 예루살렘과 안티오키아 주교구는 7세기 중엽 이후 이슬람 제국의 땅이 되었다.

로마시는 고대 말부터 중세 초에 이르기까지 지중해 세계의 중심지였다. 문자 그대로 지중해 세계의 모든 길은 로마로 통했다. 곧 로마는 당시 서양 세계의 중심이었기 때문에 로마교회 또한 서양 세계의 중심에 있는 교회로서의 중요성을 지니게 되었다.

476년에 서로마제국이 망한 것도 로마교회의 권위를 높이는 데 보탬이 되었다. 제국은 소멸했지만, 제국을 대신할 국가가 한동안 없었기 때문에 로마교회는 세속적으로도 로마인들의 구심점이 되는 등, 국가와 같은 역할을 했다. 또한, 서로마제국의 멸망은 비잔티움 교회가 비잔틴 제국의 황제에게 예속된 것과 다르게 로마교회가 국가 권력의 통제에서 벗어나서 오히려 기독교화한 로마 시민의 구심점이 되는 데 큰 이점이 되었다. 그리고 로마교회가 자리 잡은 로마시는 베드로와 바울의 전도지였고 순교지였다. 그러다 보니 로마 주교들은 자신들이 베드로의 예수 계승자적 지위를 가진다고 주장했다. 그들은 자신이 그리스도의 지상 대리자로 모든 신자를 이끌 권한의 부여와 함께 천국의 열쇠와 죄에 대한 처벌권까지 가지고 있다고 주장했다.

교황으로 인정받은 첫 교황은 314~335년까지 교황청을 이끈 실베스터 1세지만, 레오 1세가 로마교회의 우월권을 공식으로 선언한 것은 100여 년 뒤의 일이다. 레오 1세(재위 440~461)는 "또 내가 네게 이르노니 너는 베드로라 내가 이 반석 위에 내 교회를 세우리니 음부의 권세가 이기지 못하리라 내가 천국 열쇠를 네게 주리니 네가 땅에서 무엇이든지 매면 하늘에서도 매일 것이요 네가 땅에서 무엇이든지 풀면 하늘에서도 풀리리라"(마 6:18~19) 하신 말씀을 근거로 삼아 로마교회의 주교가 베드로의 후계자로서 보편적 수위권(모든 주교 가운데 제1의 권한. 곧 교황이 가진 권한)을 지닌 것으로 공식 선언했다.

AD 476년에 서로마제국이 멸망한 이후 강력한 세력으로 등장한 교황권은 AD 538년에 이르러서 중세 및 현대에 이르기까지 라틴 및 게르만 국가들의 법률의 기초가 되는 로마 법전을 편찬한 것으로 유명한 동로마제국의 유스티니아누스 대제(재위 527~565)가 반포한 조서에 의해서 종교 정치 군사 전반에 걸쳐 막강한 권세를 거머쥐게 된다. 이후 1798년 교황 비오 6세가 나폴레옹의 부하이며 혁명정부군의 장군인 베르띠에에 의해서 파리 감옥으로 압송되어 감옥에서 병으로 옥사하기까지 1,260년간 극성기를 누리게 된다.

　　선지자 이사야는 고난받는 이스라엘을 향해 영원한 위로의 메시지를 남겼다. "전에 고통받던 자들에게는 흑암이 없으리로다 옛적에는 여호와께서 스불론 땅과 납달리 땅이 멸시를 당하게 하셨더니 후에는 해변 길과 요단 저쪽 이방의 갈릴리를 영화롭게 하셨느니라 흑암에 행하던 백성이 큰 빛을 보고 사망의 그늘진 땅에 거주하던 자에게 빛이 비치도다 주께서 이 나라를 창성하게 하시며 그 즐거움을 더하게 하셨으므로 추수하는 즐거움과 탈취물을 나눌 때의 즐거움 같이 그들이 주 앞에서 즐거워하오니 이는 그들이 무겁게 멘 멍에와 그들의 어깨의 채찍과 그 압제자의 막대기를 주께서 꺾으시되 미디안의 날과 같이 하셨음이니이다 어지러

이 싸우는 군인들의 신과 피 묻은 겉옷이 불에 섶 같이 살라 지리니 이는 한 아기가 우리에게 났고 한 아들을 우리에게 주신 바 되었는데 그의 어깨에는 정사를 메었고 그의 이름은 기묘자라, 모사라, 전능하신 하나님이라, 영존하시는 아버지라, 평강의 왕이라 할 것임이라 그 정사와 평강의 더함이 무궁하며 또 다윗의 왕좌와 그의 나라에 군림하여 그 나라를 굳게 세우고 지금 이후로 영원히 정의와 공의로 그것을 보존하실 것이라 만군의 여호와의 열심이 이를 이루시리라"(사 9:1~7). 이처럼 이스라엘을 구원하실 그들의 구원자 메시아를 이미 그분이 이 땅에 오시기 700여 년 전부터 이사야 선지자는 기묘자로 모사로 전능하신 하나님으로 영존하시는 아버지로 평강의 왕으로 일컬음 받을 것을 하나님의 영원한 존귀하심과 주권 앞에서 예언했다.

그렇다. 예수 그리스도는 홀로 왕이시며 그 어떤 경우에도 이 세상에 당신의 대리자를 두지 않으셨다. 우리는 홀로 왕이신 예수 그리스도 앞에 로마교회의 사제나 교황을 통해 나아갈 필요가 전혀 없다. 교회의 머리이시며 교회의 왕이신 예수 그리스도는 홀로 한 분 하나님이시다.

중세의 유명한 화가 라파엘로는 후대에 두 교황의 초상화를 남겼다. 한 사람은 줄리어스 2세이고, 한 사람은 레오 10세이다. 그 두 사람 가운데 한 교황인 줄리어스 2세가 1512

년 제5차 라테란 종교회의 제4회기에서 다음과 같은 인사를 받는다. "그대는 목자시오, 의원이시오, 주권자이시오, 농부이시오, 마침내 그대는 이 세상에 있는 또 한 분의 하나님이시다."라고. 맹인 된 로마교회 교도들을 인도하고 있는 맹인 된 로마교회의 내로라하는 지도자들이 이 어마어마한 천인 공노할 막말을 줄리어스 2세에게 헌사했던 것이다.

교황 이노센트 10세(재위 1644~1655년)는 대관식에서 자신의 하수인들로부터 다음과 같이 헌사를 받는다. "가장 성스럽고 복된 아버지시여 교회의 머리 세계의 통치자 하늘의 모든 열쇠를 가지고 있는 자, 천사들이 하늘에서 숭배하고 두려운 지옥의 문들과 모든 세상이 경배하고 특별히 저희가 당신을 존경하고 숭배하나이다."

그야말로 레오 10세와 이노센트 10세를 구성원으로 포함하고 있는 교황권은 이처럼 하나님을 대적해서 범사에 일컫는 하나님으로 불리게 되었다. 하나님과 버금가는 이 위대한(?) 교황 중 한 명인 비오 12세(재위: 1939~1958년)는 자신의 대관식에서 '삼중 관'(티아라)을 썼다. 그 삼중 관에는 11개의 사파이어, 19개의 에메랄드, 32개의 루비, 252개의 진주, 529개의 다이아몬드가 장식되어 있다. 자신은 이 땅의 구원자, 이 땅의 중보자, 이 땅에서 왕 중의 왕으로 추앙받고 있지만, 정작 진실로 유일한 구주이시며 유일한 중보자이시며 만왕의 왕이셨던 예수 그리스도께서 쓰셨던 가시 면류관과는 너무나 대조가 된다.

교황 요한 바오로 2세가 미사에서 사용했던 금잔에는 500개의 다이아몬드가 박혀 있다. 이 또한 예수 그리스도께서 최후의 만찬 석상에서 당신의 피를 기념하며 제자들과 나누었던 볼품 없는 포도주잔과는 얼마나 대조가 되는가.

바티칸이 보유하고 있는 보석은 헤아릴 수 없고 값도 측정 불가라고 한다. 자신들은 각국의 국가 원수들과 가톨릭 신자들이 선물한 것이라고 하지만, 자신들의 해괴망측한 교리를 인정하지 않는다고 몰살시킨 진실한 믿음의 백성으로부터 몰수했던 재산들도 그들의 금은보화 축적에 지대한 몫을 담당했다.

교황권의 절정은 종교재판권에서 나타난다. 중세의 법은 신의 정의를 구현하는 것이었기에 재판을 교회나 일반법정이나 어디에서 하든 상징적인 심판자는 신이었다. 신이 자신의 정의를 구현하는 수단 가운데 하나가 법이었고, 그 법을 현실적으로 집행하는 것이 종교재판이었다.

로마교회는 최고의 종교재판권을 갖고 있었는데 343년에 소피아에서 열린 종교회의에서 서방의 주교들은 로마 교구의 상고 재판 관활권을 인정했다. 또한 황제 발렌티니아누스 3세(재위 425~455)가 교황 레오 1세와 협의한 뒤, 444년과 그다음 해에 '신법령 17' 등 일련의 법령을 통해 서구의 모든 주교에게 로마 주교의 권위에 복종하도록 명령했고, 이후 로마교회는 종교재판의 중심지가 되었다.

갈릴레오의 일화는 종교재판이 17세기까지, 그리고 종교 문제가 아닌 과학 문제(지동설)까지 억지로 적용한 것을 보여주지만, 역사적으로 중세의 종교재판만큼 가혹한 재판은 없을 것이다. 화형 같은 무서운 벌을 내리기도 한 종교재판은 교리를 지키고 교회의 권위를 높이는 데 없어서는 안 될 무기가 되었다. 로마 주교는 최고 종교재판관으로서 이단을 응징하고 교회를 정화해 가면서 종교적 비종교적 일 모두에서 그 권위를 높여갔다.

종교재판 중에서도 특히 이단에 대한 심문은 가혹한 형벌이 따르는 경우가 많았는데, 주교나 교황이 임명한 이단 심문관이 내리는 형벌 가운데 가벼운 형벌에 드는 것은 미사나 순례 금지, 단식이나 태형, 공직 박탈 등이었지만, 십자가 마크를 가슴과 등에 붙이거나 삭발하는 벌도 있었다. 또한, 혀를 자르거나 화형에 처하는 형벌도 잦았다.

특히 악명 높은 이단 심문관들에게서 자백을 강요받은 혐의자는 극형을 면할 것을 기대하며 많은 무고한 사람을 연루자로 만들기도 했는데, 이와 같은 밀고제(密告制)가 악용되어 아우는 형을, 아내는 남편을, 종은 주인을 밀고하는 일까지 있었다. 원수가 집안 식구일 것이라는 섬뜩한 예언이 성취되었다. "내가 세상에 화평을 주러 온 줄로 생각하지 말라 화평이 아니요 검을 주러 왔노라 내가 온 것은 사람이 그 아버지와, 딸이 어머니와, 며느리가 시어머니와 불화하게 하려 함이니 사람의 원수가 자기 집안 식구리라"(마 10:34~36).

(2) 교황령(敎皇領): 게르만족 중에서 중세 유럽 사회에서 큰 세력을 형성한 프랑크족은 이미 5세기에 로마 가톨릭으로 개종하고, 교회와 제휴하여 그 지배력을 확보하고 있었다. 교황의 지지를 얻어 카롤링거 왕조를 창시한 피핀은 이탈리아의 랑고바르드 왕국을 정벌하고 중부 이탈리아를 교황에게 헌납했다(756년). 이것이 교황령의 시초이다.

서로마제국이 망한 뒤 게르만족 일파가 세운 프랑크 왕국이 유럽 기독교 세계의 핵심 세력으로 성장했다. 프랑크족을 통일해 왕국을 세운 콜로비스가 기독교로 개종한 이후 프랑크 왕국과 로마교회는 상호 보완적 관계를 맺었다. 카롤루스 마르텔이 732년에 이슬람교도와 치른 뚜르 전투 때 자신을 따르는 자들에게 교회의 땅을 징발하여 나누어 줌으로써 한때 서로 틈이 생겼으나, 그의 아들 난쟁이 왕 피핀(재위 741~768) 때 둘은 오히려 더 긴밀한 관계를 맺게 되었다.

그 무렵 북이탈리아의 광포한 게르만족 롬바르디아가 라벤나까지 진출해서 교황청을 위협했다. 그러자 교황 스테파누스 2세는 피핀에게 원조를 요청했고 피핀은 두 차례에 걸쳐 이탈리아에 원정을 가서 롬바르디아를 응징하고 그들에게 빼앗은 라벤나와 그 주변 지역을 교황청에 기증했다.

교황은 그때까지 비잔틴제국의 라벤나 총독에 붙인 '로마인의 아버지'라는 칭호를 피핀에게 부여했다. 교황청은 피핀이 기증한 땅과 로마 부근의 영토를 합쳐 교황령을 갖게 되었고, 그때부터 교황청은 상당한 넓이의 영토를 보유한 국가가 되었는데 그 교황령은 19세기까지 이어졌다.

피핀의 아들 카롤루스 대제도 774년에 이탈리아 원정을 단행해서 다시 교황청을 위협하던 롬바르디아 왕국을 정복했다. 더욱이 그는 반대 세력의 저항으로 위기에 처한 교황 레오 3세를 도와 그의 지위를 견고히 해 주었다. 레오는 이에 감사하고 나아가 카롤루스가 기독교에 기여한 공로(유럽의 여러 지역을 정복하고 그곳의 주민들을 기독교로 개종시킨 것)를 기리기 위해 800년 크리스마스 미사에서 그를 서로마제국의 황제로 추대하고 대관식을 거행했다. 그래서 카롤루스는 실제로 존재하지는 않았지만, 상징적인 서로마제국의 황제가 되었고 이후 그는 샤를마뉴로 불렸다. 이처럼 프랑크 왕국의 지원은 로마교회가 정치권에서 독립한 교황 체제를 확립하고 나아가 후일 군주들과 벌이는 투쟁에서 승리할 수 있는 기반을 구축하게 해 주었다. 이후 교황은 교황령의 지배자로서, 또 주교나 수도원장은 영주로서 세속적인 일에 관계하며 권력과 부를 독점해 갔다.

교황은 황제와 대립하는 위치에 이르게 되었고 신성로마제국의 오토 1세가 죽은 후, 교황 그레고리우스 7세는 성직서임권(聖職敍任權)을 둘러싸고 황제 하인리히 4세를 파문하여 굴복시켰다. 그 후 독일과 이탈리아에서는 교황파와 황제파가 서로 다투었으나, 결국은 교황권이 황제권을 완전히 제압했으며, 교황 이노센트 3세(재위 1198~1216) 때는 교황이 서유럽의 전 군주(君主) 위에 군림했다.

이노센트 3세는 교황의 직책을 엄격한 신권정체적(神權政體的) 입장에서 이행하고자 했다. 그는, 그리스도의 대리자로서의 교황은 영적·세속적인 권력을 장악하며, 세속적인 책무란 교황으로부터 군주들에게 위임되느니만큼 군주들은 마치 달이 태양의 빛을 받는 것처럼 교황에게 예속되어 있다고 주장했다.

그의 많은 어록 중 하나를 소개하면, "나는 그리스도보다 자비롭다. 왜냐하면, 내가 연옥에서 영혼들을 건져내는 데 반하여 그리스도는 영혼들을 연옥에 버려둔 채 가 버렸기 때문이다." 이 얼마나 참람한 말인가. 자신이 구원자 예수 그리스도와 동격임을 주장하는 것을 넘어 하나님의 구원 사역에 있어서 자신이 예수 그리스도의 사역보다도 우월한 역할을 하는 존재라는 것이다. "사람의 눈 같은 눈들이 있고 또 입이 있어 큰 말을 하였더라", "그가 장차 지극히 높으신 이를 말로 대적하며"라고 했던 비극적 예언의 성취이다. "내가 밤 환상 가운데에 그다음에 본 넷째 짐승은 무섭고 놀라우며 또 매우 강하며 또 쇠로 된 큰 이가 있어서 먹고 부서뜨리고 그 나머지를 발로 밟았으며 이 짐승은 전의 모든 짐승과 다르고 또 열 뿔이 있더라 내가 그 뿔을 유심히 보는 중에 다른 작은 뿔이 그 사이에서 나더니 첫 번째 뿔 중의 셋이 그 앞에서 뿌리까지 뽑혔으며 이 작은 뿔에는 사람의 눈 같은 눈들이 있고 또 입이 있어 큰 말을 하였더라"(단 7:7~8). "모신 자가 이처럼 이르되 넷째 짐승은 곧 땅의 넷째 나라인데 이는 다른 나라들과는 달라서 온 천하를 삼키고 밟아 부서뜨릴 것이며 그 열 뿔은 그 나라에서 일어날 열 왕이요 그 후에 또 하나가 일어나리니 그는 먼저 있던 자들과 다르고 또 세 왕을 복종시킬 것이며 그가 장차 지극히 높으신 이를 말로 대적하며 또 지극히 높으신 이의 성도를 괴롭게 할 것이며 그가 또 때와 법을 고치고자 할 것이며 성도들은 그의 손에 붙인 바 되어 한 때와 두 때와 반 때를 지내리라"(단 7:23~25).

가톨릭교회의 뉴욕교리문답을 보면, 다음과 같이 명문화되어 있다. "교황은 땅에서 예수 그리스도의 위치에 있다. 또 진리에 있어 우주적 통치자이며 세계의 중재자요 하늘과 땅의 최고의 사법권을 가진 바로 땅에 있는 하나님 자신이다." 이 얼마나 천인공노할 막말인가.

중세의 교회는 교부들의 전승을 성경의 권위와 맞먹는 위치에 올려놓았다. 그중의 한 예가 연옥 교리이다. 연옥 교리에 의하면 연옥은 죽은 영혼이 천국 가기 전, 천국으로 가기에는 자격이 부족하고 그렇다고 지옥 갈 정도로 큰 죄를 짓지 않은 영혼들이 일시적으로 머문다는 중간 단계의 처소로서 생전에 가벼운 죄를 지은 죄인들은 이곳에서 자신들이 회개하지 못한 가벼운 죄들을 씻고 정화하는 시간을 가진다. 여기 머무는 영혼들은 지옥으로 떨어지지는 않지만, 자신이 지은 죄의 강도에 따라 정화의 불에서 고통을 견뎌야 한다. 지상에 사는 사람들이 연옥에 들어가 있는 영혼들을 위해서 기도하고 선한 일에 힘쓰면 그들의 공덕으로 연옥에 있는 영혼들의 죄가 용서받아 연옥의 불에서 덜 고통을 받고 좀 더 빨리 천국으로 직행할 수 있다고 한다. 결국, 이 교리는 예수 그리스도의 완전한 속죄 사역을 대적하는 교리이다.

사도 바울은 갈라디아서에서 예수 그리스도의 속죄 사역

외에 율법의 행위인 할례를 구원의 조건으로 덧붙였던 유대주의자를 격렬하게 정죄했다. "사람이 의롭게 되는 것은 율법의 행위로 말미암음이 아니요 오직 예수 그리스도를 믿음으로 말미암는 줄 알므로 우리도 그리스도 예수를 믿나니 이는 우리가 율법의 행위로써가 아니고 그리스도를 믿음으로써 의롭다 함을 얻으려 함이라 율법의 행위로써는 의롭다 함을 얻을 육체가 없느니라"(갈 2:16). "내가 너희에게서 다만 이것을 알려 하노니 너희가 성령을 받은 것이 율법의 행위로냐 혹은 듣고 믿음으로냐 너희가 이같이 어리석으냐 성령으로 시작하였다가 이제는 육체로 마치겠느냐 너희가 이같이 많은 괴로움을 헛되이 받았느냐 과연 헛되냐 너희에게 성령을 주시고 너희 가운데서 능력을 행하시는 이의 일이 율법의 행위에서냐 혹은 듣고 믿음에서냐 아브라함이 하나님을 믿으매 그것을 그에게 의로 정하셨다 함과 같으니라"(갈 3:2~5). "그리스도께서 우리를 자유롭게 하려고 자유를 주셨으니 그러므로 굳건하게 서서 다시는 종의 멍에를 메지 말라 보라 나 바울은 너희에게 말하노니 너희가 만일 할례를 받으면 그리스도께서 너희에게 아무 유익이 없으리라 내가 할례를 받는 각 사람에게 다시 증언하노니 그는 율법 전체를 행할 의무를 가진 자라 율법 안에서 의롭다 함을 얻으려 하는 너희는 그리스도에게서 끊어지고 은혜에서 떨어진 자로다 우리가 성령으로 믿음을 따라 의의 소망을 기다리노니 그리스도 예수 안에서는 할례나 무할례나 효력이 없으되 사랑으로써 역사하는 믿음뿐이니라 너희가 달음질을 잘하더니 누가 너희를 막아 진리를 순종하지 못하게 하더냐 그 권면은 너희를 부르신 이에게서 난 것이 아니니라 적은 누룩이 온 덩이에 퍼지느니라 나는 너희가 아무 다른 마음을 품지 아니할 줄을 주 안에서 확신하노라 그러나 너희를 요동하게 하는 자는 누구든지 심판을 받으리라"(갈 5:1~10). 이처럼 사도 바울이 예수 그리스도의 속죄 사역 외에 할례를 구원의 조건으로 덧붙였던 유대주의자들에게 심판을 받을 것이라고 선언했다면, 연옥교리를 주장하는 로마가톨릭교회는 어떻게 되겠는가.

연옥 교리에 의하면 예수 그리스도만이 유일한 중보자가 아니시다. 구원자도 아니시다. 중세교회의 지도자들의 가르침을 청종한 모든 교인도 자신들의 공덕을 통해 연옥에서 고통받는 죄인들을 구원하는 데 지대한 공헌을 한다. 나아가서 중세교회가 인정한 성인(聖人)들의 기도와 교황의 기도는 가히 절대적인 공헌을 한다. 이노센트 3세에 의하면 그의 공로는 예수 그리스도보다도 조금 더 크다. 상상도 할 수 없는 교리 아닌가? 중세 천년의 교회 시대는 이 연옥 교리를 통해서 유일한 중보자이고 구원자이신 예수 그리스도를 대적했으며 교황은 하나님의 자리에 올랐다.

중세 천년의 교회사를 지배했던 교황들은 그 옛날 계명성으로 상징된 바벨론제국의 느부갓네살이 자신의 하루살이 인생의 업적을 통해 하나님을 대적했던 것보다 더 큰 패역을 자행했다. 이사야 선지자와 다니엘 선지자와 사도 바울은 하나님을 대적한 바벨론제국(이사야)의 결국과 작은 뿔(다니엘) 곧 멸망의 아들(사도 바울)의 심판을 다음과 같이 예언했다. "너는 바벨론 왕에 대하여 이 노래를 지어 이르기를 압제하던 자가 어찌 그리 그쳤으며 강포한 성이 어찌 그리 폐하였는고 여호와께서 악인의 몽둥이와 통치자의 규를 꺾으셨도다 그들이 분 내어 여러 민족을 치되 치기를 마지아니하였고 노하여 열방을 억압하여도 그 억압을 막을 자 없었더니 이제는 온 땅이 조용하고 평온하니 무리가 소리 높여 노래하는도다 향나무와 레바논의 백향목도 너로 말미암아 기뻐하여 이르기를 네가 넘어져 있은즉 올라와서 우리를 베어 버릴 자 없다 하는도다 아래의 스올이 너로 말미암아 소동하여 네가 오는 것을 영접하되 그것이 세상의 모든 영웅을 너로 말미암아 움직이게 하며 열방의 모든 왕을 그들의 왕좌에서 일어서게 하므로 그들은 다 네게 말하여 이르기를 너도 우리같이 연약하게 되었느냐 너도 우리같이 되었느냐 하리로다 네 영화가 스올에 떨어졌음이여 네 비파 소리까지로다 구더기가 네 아래에 깔림이여 지렁이가 너를 덮었도다 너 아침의 아들 계명성이여 어찌 그리 하늘에서 떨어졌으며 너 열국을 엎은 자여 어찌 그리 땅에 찍혔는고 네가 네 마음에 이르기를 내가 하늘에 올라 하나님의 뭇별 위에 내 자리를 높이리라 내가 북극 집회의 산 위에 앉으리라 가장 높은 구름에 올라가 지극히 높은 이와 같아지리라 하는도다 그러나 이제 네가 스올 곧 구덩이 맨 밑에 떨어짐을 당하리로다 너를 보는 이가 주목하여 너를 자세히 살펴보며 말하기를 이 사람이 땅을 진동시키며 열국을 놀라게 하며 세계를 황무하게 하며 성읍을 파괴하며 그에게 사로잡힌 자들을 집으로 놓아 보내지 아니하던 자가 아니냐 하리로다"(사 14:4~17). "그가 장차 지극히 높으신 이를 말로 대적하며 또 지극히 높으신 이의 성도를 괴롭게 할 것이며 그가 또 때와 법을 고치고자 할 것이며 성도들은 그의 손에 붙인 바 되어 한 때와 두 때와 반 때를 지내리라 그러나 심판이 시작되면 그는 권세를 빼앗기고 완전히 멸망할 것이요"(단 7:25~26). "그 때에 불법한 자가 나타나리니 주 예수께서 그 입의 기운으로 그를 죽이시고 강림하여 나타나심으로 폐하시리라"(살후 2:8).

어리석은 중세 온 세계의 교회는 교황을 하나님의 대리자, 교회의 아버지로 섬겼다. 교황이 교회의 머리가 되어 절대 권력을 행사하다 보니, 중세교회는 예수 그리스도의 모친 마리아를 하늘의 여황·하나님의 왕후로 섬기고, 구약 이스라엘 백성이 그들의 구원자 하나님을 금송아지 형상으로 만들어 숭배했듯이 마리아의 동상을 만들어 온 세계의 교회가 마리아를 예수 그리스도보다도 더 큰 중보의 역할을 하는 구원자의 반열에 올려놓았다. 여기서 멈추지 않고 그들이 성인이라고 생각하는 모든 사람의 동상을 만들어 그 동상 앞에서 자기의 죄와 연옥에 있는 영혼들의 죄를 회개하기까지 했다. 이것도 모자라 각종 동상을 자기 집에까지 모셔다 두고 무병장수와 재난극복을 기도했다.

교황의 영도하에 일사불란하게 움직이던 중세의 온 세계 교회는 나아가서 하나님의 십계명까지 수정하기에 이르렀다. 그들은 교리문답과 교리책에서 두 번째 계명인 아무 형상이든지 만들지 말라는 계명을 삭제했는데, 이유는 그들이 숭배하는 마리아의 상이나 각종 성자의 상을 그 계명이 정죄하기 때문이다. 그래서 그들은 두 번째 계명을 슬그머니 빼는 대신 열 번째 계명을 둘로 나누어 십계명으로서의 형태를 갖추어 놓았다. 그래서 우상숭배에 관한 계명을 삭제하고 대신 탐심에 관한 계명을 두 개로 중복하기에까지 이른다. 이런 행태야말로 하나님의 법을 고치고 변경한 천인공노할 만행이 아니고 무엇이겠는가?

10 적그리스도의 출현은 이미인가 아직인가

적그리스도가 세기말에 출현해서 한 때와 두 때와 반 때 동안 곧 마흔두 달 동안, 곧 7년 대환란의 후반부인 3년 6개월 동안, 곧 1,260일 동안 세상을 통치하고 무수한 성도들의 목숨을 앗아간다는 세대주의적 종말관이 얼마나 허황한 주장인가 하는 것은, 로마교회의 수장권을 주장하며 한때 서유럽의 모든 제후를 자신의 발 앞에 무릎을 꿇게 했던 두 교황의 행적을 살펴보는 것만으로도 충분히 설명될 것이다.

그 첫 번째 교황은 그레고리 7세(재위 1073~1085년)이다. 그는 어거스틴이 『하나님의 도성』에서 주장한 '세계신정국가'를 지상에 실현할 수 있다고 생각했다. 그는 교황이 감독들을 임명하고 파면하는 것은 물론, 세상 군왕들의 임명권도 소유했다고 주장했다. 그는 하나님의 왕국은 현재 보이는 교회를 통해 실현되고 있으며, 교회 밖에서는 절대로 구원이 없고 교회야말로 하나님의 왕국을 계승하는 대행기관이라고 했다. 모든 교회 중에서 로마교회는 베드로 사도가 직접 세운 교회이므로 결코 실수할 수 없는 절대 무오한 교회이며, 절대 무오한 로마교회 감독은 모든 우주적 교회의 아버지이며, 로마교회의 감독 역시 절대 무오하다고 주장했다. 절대 무오한 로마교회의 감독은 다른 교회의 감독을 임명할 수 있을 뿐만 아니라 제왕들도 당연히 임명할 수 있다고 굳게 믿었다. 이런 황당한 믿음의 연장선에 그 유명한 '카노사의 굴욕 사건'(1077년)이 발생했다.

사건의 개요는 이렇다. 신성로마제국의 하인리히 4세는 교황의 윤허가 없이 자신의 궁정신부를 대주교에 임명했다. 이에 극노한 그레고리 7세는 황제와 그를 따르던 주교들을 파면했다. 이 순간을 틈타 교황을 지지하는 반황제파 제후들은 황제 폐위를 결의한다. 이에 궁지에 몰린 황제는 파문의 해제를 위해 몸종 한 명과 아내만을 대동한 채 한겨울에 알프스를 넘어 북이탈리아까지 가서 교황이 체류하고 있는 카노사의 성문 앞에 다달았다. 그리고 제국을 다스리는 왕의 자격이 아니라 개인 자격으로 삼베 옷만 걸치고 눈발이 휘날리는 혹한 속에서 맨발로 1월 25일부터 27일까지 3일간 무릎을 꿇고 파문 철회를 하소연했다. 그 결과 교황은 황제의 파문을 해제하는 조건으로 앞으로 황제는 왕권 행사를 하기 전에 반드시 교황의 인준을 기다려야 한다는 단서를 붙였다. 이후 교황은 만나는 사람들에게 항상 "왕들의 교만을 꺾은 것은 자신의 의무"라고 떠벌리고 다녔다.

그 당시 권력의 판도가 이렇다 보니, 그레고리 7세는 자신의 절대 무오권을 위해 그 유명한 태양과 달의 원리를 주창했다. 그는 "하나님이 하늘의 두 빛 곧 해와 달을 두심으로 만물을 비치게 하시는 것처럼 땅에는 두 큰 세력을 세우심으로 만민을 다스려 잘못된 길로 가지 않게 하신다. 이 두 큰 세력은 교황과 국왕으로서 교황은 큰 빛인 해이고, 세상의 군왕들은 작은 빛인 달이다. 그리스도의 가르침을 따르면 하나님의 도우심으로 사도의 권력이 국왕의 권력을 지배한다."라고 했다. 이 얼마나 무소불위의 권력 행사인가.

그의 재위 기간이 13년이다. 그 기간에 그는 교황권의 절정기를 구가했던 사람이다. 앞으로 세기말에 세대주의적 종말론자들의 주장처럼 적그리스도가 출현한다고 해도 그의 권력이 교황 그레고리 7세의 권력에 비할 바가 되겠는가. 그는 3년 6개월 만이 아니라, 7년 만이 아니라, 13년 동안을 왕 중의 왕으로 군림하며 그 해괴망측한 성상과 유물 숭배, 성모마리아 숭배, 교황의 무오류성, 교황의 수위권을 하나님 말씀의 자리에 올려놓고, 무지한 교회를 지옥의 어둠으로 끌고 갔다. 그가 얼마나 막가는 권력자였는지, 그는 평생에 이런 말을 하고 다녔다. "로마교회는 처음부터 단 한 번도 오류를 범한 적이 없었으며, 또한 앞으로도 없을 것이다."라고. 이처럼 그는 하나님에게만 돌려져야 하는 무오류라는 영광의 단어를 로마교회와 자신에게 적용함으로 결과적으로 자신을 하나님의 자리에 올려놓았다. 그것도 모자라 디모데전서 2:5의 말씀처럼 하나님께서는 예수 그리스도만을 당신과 우리 사이에 유일한 중보자로 세우셨음에도 성자의 중보 기도, 성모마리아의 중보 기도, 고해성사를 주장하며 한낱 죄인에 불과한 인간을 중보자의 지위로 격상시켰다. 그리고 교황 자신을 모든 사람 위에 뛰어난 신의 반열에 올려놓는 것도 모자라 연옥 교리를 통해 일반 죄인들까지도 중보자 곧 하나님이신 예수 그리스도의 자리에까지 앉혀 두는 천인공노할 사이비 구원론을 가지고 하나님을 대적했다. 그는 자신의 막강한 권세로 해괴망측한 교리를 모든 사람의 영혼에 강제로 주입했다.

두 번째 교황은 이노센트 3세(재위 1198~1216년)이다. 그는 교황권의 최고의 권세를 누린 자이다. 그는 자신의 뛰어난 행정 능력과 정치적 역량을 발휘해서 유럽의 거의 모든 왕을 복종시켰다. 그의 최우선의 관심사는 이슬람에 의해 잃어버린 예루살렘 성지에 십자군을 조직하고 파견하는 일이었다. 십자군 파병을 위해서 유럽의 모든 제후를 자신

의 권위 아래 일사불란하게 연합시켰으며 급기야 1212년에
는 어린이 십자군까지도 조직했다.

　이노센트 3세가 얼마나 막강한 교황권을 행사했는가는
그의 어록을 살펴보면 잘 드러난다. "교황은 하나님과 그리
스도의 대리자로서 교황의 통치권은 세계를 포괄한다. 그
리고 교황은 왕 중의 왕이므로 세상 모든 군왕까지도 심판
할 수 있는 자리에 있다. 그러므로 교황은 선출된 황제를 심
사해서 합당하면 축복해 주고 관을 씌워주어 황제로 임명
한다. 교황이 인정해 주기까지 그 사람은 단지 황제 후보자
에 불과하다. 교회는 태양이며 제국은 그 빛을 받아 비취는
달이다."라고 그는 말했다. 나아가서 그는 앞서 언급했듯이
"나는 그리스도보다 더욱 자비롭다. 이유는 내가 연옥에서
영혼들을 건져내 주는 반면에 그리스도는 영혼들을 연옥에
다 버려둔 채 가버렸기 때문이다."라면서 천인공노할 막말
을 주저 없이 짖어댔다. 이런 그를 대단한 하나님의 종이라
고 한없는 순종을 바쳤던, 아사시의 성자 프란체스코를 생
각해 보면 그가 비록 사도와 같은 청빈의 삶을 살겠노라고
자신이 가진 그 많은 재산을 가난한 자들에게 나누어 주고
일평생 가난, 금욕, 겸손의 3대 신앙목표를 향해서 수도의
길을 걸어갔지만, 과연 그의 신앙생활이 예수 그리스도가
기뻐하는 믿음의 사람이었는지 회의가 들 정도이다. 그리고

또 한 명의 성자로 추앙받는 교부 성 어거스틴은 바로 이노센트 3세가 아프리카 지역으로 파송했던 선교사였다. 당시 이노센트의 막강한 권력을 바탕으로 한 어리석은 교회를 향한 그의 파멸적 교리 주입이 얼마나 치명적이었는지 생각해 볼 때, 어거스틴을 향해서 '성(聖)'자를 붙이기도 주저될 정도이다.

1215년 11월 11일 개최되었던 제4차 라테란 종교회의는 이노센트 3세의 생애에 최고의 방점을 찍는다. 유럽 각지로부터 대감독 77명, 감독 412명, 수도원장 800명을 포함한 2천여 명 이상의 사람들이 모여 교황의 말을 듣고 교회와 모든 기독교 국가에 대한 교황의 지도권을 선언했다.

이 회의에서 결정된 몇 가지 사항은 첫째, 화체설 교리의 확증이다. 화체설이란 성만찬에서 사제가 빵과 포도주를 성별해서 높이 드는 순간 기적적으로 빵과 포도주가 예수 그리스도의 실제 몸과 피로 변화한다는 것이다. 이 교리는 300년 후, 종교개혁 당시 큰 논쟁거리 중 하나였다. 둘째, 성찬식에서 평신도에게 잔을 주면 안 된다. 셋째, 교황은 전 세계의 통치자이다. 넷째, 모든 주교는 자기 관할 수도원을 방문해서 세상의 군주들이 압제하거나 간섭하지 못하도록 보호한다. 다섯째, 새로운 십자가 전쟁을 결의한다. 여섯째, 고해성사는 모든 신자가 1년에 1회씩 반드시 의무적으로 해서 성직자가 로마교회의 황당한 교리를 반대하는 이단에 빠졌는지 아닌지를 점검해야 한다. 일곱째, 성인과 순교자의 유물이나 기념품을 예배한다. 여덟째, 모든 이교도를 정죄한다. 또한, 세상 나라의 제왕들은 힘을 모아서 자국 영토 안에서 이단을 소탕 멸절할 것을 서약한다. 그러므로 제4차 라테란 종교회의 이후, 로마교회에 의해서 이단으로 확정된 사람은 세상의 군주에게 위임해서 혹독하게 처벌받게 하고 모든 재산을 몰수당하게 했다. 만약 교회가 이단으로 확정한 사람을 군주가 처벌하지 않으면 교황은 군주를 파면할 수 있고, 그래도 말을 듣지 않으면 교황은 그 군왕의 관할에 속한 모든 교인에게 군왕에 대한 불복종을 명령할 수 있었다. 이 얼마나 막강한 권한인가. 이 얼마나 무소불위의 권력 행사인가. 이 외에도 교황권을 통해 이노센트 3세의 권력 행사가 얼마나 거침이 없었는지를 다음의 세 가지 사건이 보여준다.

첫째, 이노센트 3세는 1029년에 오토 왕에게 신성로마제국의 황제 대관식을 거행했다. 한때 오토 왕은 신성로마제국의 황제가 되기 전, 이탈리아 중심부에 교황의 영지를 확보해 주고, 독일의 주교 선거 즉 성직자 임명에 일절 개입하지 않겠다고 서약했었다. 그러나 대관식을 통해 황제가 된 후, 오토 왕이 이 약속을 지키지 않자 이노센트 3세는 곧바로 프리드리히 2세를 황제로 임명해 버린다. 이로 인해 신성 로마제국 안에는 두 명의 황제가 서게 되는데, 1214년 오토 왕이 죽고 난 뒤, 프리드리히 2세가 정식 황제가 된다.

둘째, 프랑스 왕 필립 2세가 자신의 본처인 왕비와 이혼을 하자 이노센트 3세는 필립왕에게 본처와 다시 결합하지 않으면 파문을 하겠다고 경고한다. 그런데도 필립왕이 불순종하자 교황은 프랑스에 있는 모든 성직자에게 성직을 중지하도록 성직 정지령을 내린다. 당시, 제국 안에 있는 모든 사람은 교황의 수위권과 교황의 무오류성을 확신하는 로마교회의 신자였기 때문에 그들 입장에서는 교황의 성직 정지령으로 세례도 받을 수 없게 되고, 결혼도 못 하게 되고, 고해도 못 하게 되고 따라서 죽으면 모두가 지옥으로 바로 직행하게 될 판이었다. 그러다 보니 곳곳에서 백성들의 원성이 대단했다. 결국, 필립왕은 교황의 명령에 복종해서 본처 왕비와 재결합하게 된다. 효자 아들이 성질 더러운 며느리와 결혼해서 부부 싸움 끝에 이혼하게 되었는데 그 아버지가 효자 아들에게 재결합을 명령하면 그 아들이 아무리 효자라고 해도 재결합이 가능하겠는가? 당시 이노센트 3세 교황의 권세가 이 정도였다.

셋째, 1215년 마그나카르트 대헌장에 서명한 왕으로 우리 모두에게 익히 알려진 영국 왕 존은 주제넘게 켄트베리

대주교를 선출하는 일에 관여해서 이에 대노(大怒)한 교황이 존왕이 임명한 대주교를 파면하고 다른 사람을 대주교로 임명했다. 그러자 존왕은 교황이 임명한 켄트베리 대감독을 승인하지 않고 감히 이노센트 3세 교황에게 맞섰다. 곧바로 교황은 존왕을 파문하고 모든 영국의 교회에 성배와 혼배성사를 집례하지 못하게 했다. 그리고 영국 국민에게는 자국 존왕의 명령을 따르지 말고 프랑스 왕의 지시를 따르라고 명령했다. 그리고 곧바로 영국 존왕을 상대로 이단 멸절을 명분 삼아 제4차 십자군 전쟁을 선포한다. 결국, 1213년 영국 존왕은 교황에게 굴복하고 노르망디를 포함한 프랑스 내의 영국 영토 전부를 교황에게 바친다.(이는 훗날 영국의 영토 회복의 빌미가 된 백년전쟁의 원인이 되었다.) 교황은 영국이 매년 2차씩 1천 마르크를 공납하겠다는 각서를 쓰게 한 후, 존왕을 풀어준다. 이로 인해 허수아비가 된 존왕을 상대로 영국의 귀족과 성직자들은 존왕에게 그 유명한 마그나 카르타 대헌장에 서명하게 한다. 익히 알고 있듯이 이 마그나카르타는 영국의 자유와 법과 의회민주주의의 초석이라고 평가받는다. 이때부터 의회는 국민을 대표하고 세금도 왕이 함부로 부과할 수 없으며 의회의 승인 없이는 함부로 권력 행사도 할 수 없게 되어 현대 민주주의의 시초가 되었다. 결국, 존왕은 교황 이노센트 3세 앞에서 감히 대주교 한 명의 임명권을 행사하다가 이처럼 완전히 허수아비 왕이 되고 말았다. 이와 같은 교황권의 철권통치가 18년간 지속되었다. 단언하건대 이런 위세를 떨칠 수 있는 인물이 세기말에 등장할 수 있을까? 설령 등장한다고 할지라도 시한부 종말론자들의 말에 따르면 3년 6개월에 불과하고 길어 봐야 7년 권세일 것인데, 이노센트 3세의 18년간 이어진 교황권 철권통치에 비교할 수 있겠는가?

무엇보다도 이노센트 3세 철권통치 아래에서 이단에 대한 말살 정책이 역사의 현장에 나타났다. 그는 남부 프랑스에서 일어난 "알비젠스" 운동을 이단으로 몰아 동네 사람들을 모아 놓고 몇 마디 증언 끝에 군중심리를 부추겨 돌을 던져 죽이는 종교재판을 시작했다. 이 사건은 훗날 공산당들의 '인민재판'의 아이디어를 제공한 최초의 사건이다.

로마교회의 입장에서 이단은 이노센트 3세 시대에 페르시아의 조르아스트교의 영향을 받은 '카타리'파의 득세를 진멸하기 위해 시작되었지만, 그 와중에 로마교회의 해괴망측한 구원관을 용납하지 않고 오로지 예수 그리스도만을 우리의 구원자로 섬기겠다며 신앙의 지조를 굽히지 않고 신앙의 정절을 지키며 로마교회와 교황의 절대 권력에 분연히 항거한 신실한 믿음의 사람들도 이노센트 3세의 서슬 퍼런 핍박을 피해갈 수 없었다. 카타리파의 진멸 사건을 생각해 보면, 지금 교회를 어지럽히고 있는 신천지와 JMS 교도들도 이노센트 3세 앞에 있었다면 당연히 씨가 말랐을 것이다. 이처럼 사도 시대부터 교회를 어지럽혀 온 영지주의에 뿌리를 두고 예수 그리스도의 신성을 부인하거나 격하시킨 실제 이단들의 한 부류인 카타리파의 경우에서는 극심한 핍박이 당연했지만, 문제는 단지 그들의 해괴망측한 교리를 반대한다는 이유로 이단으로 심판받고 화형당하고, 사지가 찢기고, 단두대에서 목이 잘리고, 구더기와 쥐가 우글거리는 캄캄한 지하 감옥에서 평생 고통을 겪으며 죽어간 참된 믿음의 사람이 수백 년 동안 수천만 명에 이른다는 사실이다.

하나님의 말씀을 가감한 교황권의 해괴망측한 교리에 참된 믿음의 교회는 디모데전서 2:5의 말씀 한 구절, 곧 하나님과 죄인 사이의 중보자는 예수 그리스도 한 분 외에는 절대로 없다는 진리 한 토막을 사수하기 위해 자신의 목숨을 초개와 같이 던졌다. 시한부종말론자들의 주장대로 세기말 후 삼 년 반 동안 중세의 교황권을 능가하는 권력자가 세상 대통령으로 출현한다고 할지라도 불과 수 세기 전까지 수백 년 동안 교황권에 의해서 자행된 이 악날한 핍박보다 더한 핍박을 참된 믿음의 교회에게 가할 수 있겠는가? 지금은 인권이 신장된 시대이다. 푸틴도 그와 같이 세계 교회를 상대로 그런 권력을 행사할 수 없고, 시진핑조차도, 미국 대통

령조차도 교회를 상대로 그런 무지막지한 권력을 행사할 수 없다.

13세기에 교황의 권력이 가졌던 가장 무서운 무기는 종교재판이었다. 지금이야 세상의 독재자들이 핵폭탄을 최고의 무기로 생각하겠지만, 그 당시 전 세계를 호령했던 막강한 교황권이 가진 최고의 살상 무기는 자신들의 해괴망측한 교리를 인정하지 않는 참된 믿음의 교회를 말살하는 종교재판이었다.

교황은 종교재판소를 설치해서 세계를 지배하는 폭군이 되었다. 그의 폭력성은 김일성 김정일 김정은 3대 세습 권력의 폭력성과는 비교도 할 수 없을 정도다. 그는 수백 년 동안을 무고한 참믿음의 교회에게 폭력적 핍박을 가했다. 그 마지막 폭력적 살인은 1866년 교황의 교령에 의해 바틀레타에서 2명의 개신교인을 산 채로 불태우는 사건으로 막을 내리게 된다.

1179년 3차 라테란 공의회는 세속의 군주들이 무력을 동원해서라도 이단을 탄압하도록 결정했다. 1184년에 루시우스 3세가 제정한 교회의 종교재판법은 모든 교구가 최소한 1년에 한 번 이상은 교인들을 조사해서 로마교회의 해괴망측한 교리에 순종하지 않는 위험한 사상을 가진 자를 색출하게 했고, 이단자를 보호하는 사람은 불고지죄로 책임을 물어 이단자와 똑같은 처벌을 받도록 명시했다. 그리고 이노센트 3세 치하에서 1215년 11월 11일에 제4차 라테란 공의회에서는 이단자들을 진멸하도록 결정했다. 이후 로마교회는 이단자를 징벌하는 십자군까지 일으켰다. 로마교회의 입장에서 사지를 찢어서 능지처참할 대상인 이단자는 지금의 신천지나 통일교나 JMS나 하나님의 교회(안상홍 증인회) 같은 이단은 물론이거니와 로마교회의 해괴망측한 교리에 맹목적으로 절대 순종을 하지 않는 모든 신실한 믿음의 교회까지 포함했다.

서유럽의 모든 제왕은 로마 교황의 이단 멸절 칙령 앞에 머리를 조아렸다. 그 무렵 로마교회의 교인이 된다는 것은 로마교회와 교황을 무조건 인정하고 교부와 교황의 해괴망측한 구원관을 무조건 하나님의 말씀으로 아멘 하고, 로마교회의 철저한 통제를 받아들이며 교황의 정책과 명령을 영적인 면에서뿐만 아니라 정치적 면에서조차 수용함을 의미했다. 그 당시 수백 년 동안은 교황의 권력과 성직주의에 항거하는 것은 생존 불가능함을 의미했다.

당시의 사회 전반의 기류가 얼마나 살벌했으며, 로마교회가 종교재판을 통해 그들의 교리에 불복하는 사람들을 어떻게 잔인하게 처형했던가를 그들이 사용했던 잔악한 고문 방법을 통해 쉽게 짐작해 볼 수 있다. 긴 평판의 고문대에 처형자들의 양팔과 양발을 밧줄로 묶어 죄어 당기면서 관절을 탈골 시켰고, 심지어는 사지를 찢어 버렸다. 손톱 뽑기와 불로 지지기, 또 송곳 가득 박힌 롤러를 처형자들의 배 위에 굴려 살점이 떨어져 나가게 했고, 다리와 발가락 짓이기기, 손을 등 뒤로 도르래에 묶은 후 묶인 그 손을 다시 밧줄에 매달아 관절을 탈골 시켰고, 처형자들의 귀와 입속에 끓는 납을 부어 넣기도 했으며, 눈알 도려내기, 긴 못이 박혀 있는 구덩이로 밀어서 죽이기, 심지어는 사람의 몸에 딱 맞는 관을 제작하고 관의 내부에는 철심을 가득 박아 그 관의 문을 닫는 순간 처형자의 온몸에 철심이 박혀 출혈 과다로 서서히 사망에 이르게 하는 '철갑처녀' 고문기라는 이름의 살상 기구까지 동원했으며, 나중에는 이 기구의 모양을 마리아의 형상으로 의인화하고 이 고문 기구에다 성수를 뿌리고 덮개에 하나님께만 영광 돌릴지어다라는 라틴어 문구까지 적어 넣기도 했다. 그리고 '유다 요람'이라는 고문 기법도 있었는데, 이 고문 방법은 피라미드형의 기구 꼭대기 뾰족한 위치에 처형자의 항문이나 질이 아슬아슬하게 닿도록 끈으로 묶은 후 줄을 서서히 풀어 체중에 의해 극심한 고통 가운데 죽어가게 했다. 이 끔찍한 비인도적인 고문을 교황의 지시에 의해 사제들이 십자가 염주를 들고 왔다 갔다 하면서 거룩한 교회와 예수 그리스도의 이름으로 "이래도 신앙을 철회

하지 않겠느냐?"라고 다그치며 그들의 신조를 포기하도록 닦달했다. 이 외에도 이단으로 판정받은 무고한 사람들은 악취가 진동하고 어두침침한 종교재판소의 고문실 안에서 사지가 꽁꽁 묶인 채로 자기 신체에서 난도질 된 피 엉킨 살 조각들과 소변과 배설물에 질식해서 죽어가는 사람들, 쥐들 과 회충의 먹이가 되어 죽어간 사람들로 허다했다. 이 모든 악행이 로마교회가 그토록 경외하는 하느님의 이름으로 자행되었다. 앞으로 이런 끔찍하고 천인공노할 살상 행위가 겨우 7년이 아니라 고작 3년 6개월이라도 일어날 수 있겠는가.

어떤 역사가는 말하기를, "교황권은 몰락한 로마제국의 무덤 위에 왕관을 쓰고 앉아 있는 로마의 유령"이라고 했다. 교황은 초기와 달리 자신의 권한을 증대해서 로마제국의 황제처럼 절대권력을 행사하며 국가와 교회의 수장으로 중세 교회의 통일을 이루어 눈에 보이지 않는 신정 제국을 건설했다. 신적 권력으로 영권과 세속권을 통합적으로 누렸다. 이런 의미에서 교황권은 다니엘 선지자가 예언한 대로 세계 사에 등장했던 앞선 모든 제국과 다르고 그들보다 더욱더 강력했던 것이다. "내가 밤 환상 가운데에 그다음에 본 넷째 짐승은 무섭고 놀라우며 또 매우 강하며 또 쇠로 된 큰 이가 있어서 먹고 부서뜨리고 그 나머지를 발로 밟았으며 이 짐승은 전의 모든 짐승과 다르고 또 열 뿔이 있더라 내가 그 뿔을 유심히 보는 중에 다른 작은 뿔이 그 사이에서 나더니 첫 번째 뿔 중의 셋이 그 앞에서 뿌리까지 뽑혔으며 이 작은 뿔에는 사람의 눈 같은 눈들이 있고 또 입이 있어 큰 말을 하였더라"(단 7:7~8). "이에 내가 넷째 짐승에 관하여 확실히 알고자 하였으니 곧 그것은 모든 짐승과 달라서 심히 무섭더라 그 이는 쇠요 그 발톱은 놋이니 먹고 부서뜨리고 나머지는 발로 밟았으며 또 그것의 머리에는 열 뿔이 있고 그 외에 또 다른 뿔이 나오매 세 뿔이 그 앞에서 빠졌으며 그 뿔에는 눈도 있고 큰 말을 하는 입도 있고 그 모양이 그의 동류보다 커 보이더라 내가 본즉 이 뿔이 성도들과 더불어 싸워 그들에게 이겼더니"(단 7:19~21). "모신 자가 이처럼 이르되 넷째 짐승은 곧 땅의 넷째 나라인데 이는 다른 나라들과는 달라서 온 천하를 삼키고 밟아 부서뜨릴 것이며 그 열 뿔은 그 나라에서 일어날 열 왕이요 그 후에 또 하나가 일어나리니 그는 먼저 있던 자들과 다르고 또 세 왕을 복종시킬 것이며 그가 장차 지극히 높으신 이를 말로 대적하며 또 지극히 높으신 이의 성도를 괴롭게 할 것이며 그가 또 때와 법을 고치고자 할 것이며 성도들은 그의 손에 붙인 바 되어 한 때와 두 때와 반 때를 지내리라"(단 7:23~25).

기독교가 국교로 공인된 4세기 초부터 교황 권력은 점증

해가는 막강한 권력으로 중세 천년 동안 어떤 말씀을, 어떤 교리를 하나님의 말씀으로 가르쳤던가. 성상 숭배, 성자 유물 숭배, 교황의 무오류성, 고해성사, 마리아 숭배, 연옥 교리 등 이 모든 허황된 교리의 핵심은 하나님과 우리 사이에 예수 그리스도 외의 다른 어떤 피조물을 중보자의 자리, 나아가서 하나님의 자리로 신격화한 것이다. 이 교리들은 사도 바울이 다시 살아와서 듣게 된다면 기절초풍할 죄악이다. 결국, 이 교리들은 하나님이신 예수 그리스도의 중보 사역을 제해 버리고 하나님을 대적하는 교리들이다. 이 가운데서 참된 믿음의 사람들은 예수 그리스도만이 유일한 길과 진리와 생명이 되신다는 요한복음 14:6의 한 구절 말씀, 하나님과 우리 사이에는 예수 그리스도만이 유일한 중보자가 되신다는 디모데전서 2:5절의 한 구절 말씀, 그 말씀 한 구절을 지키기 위해 자신의 하나뿐인 생명을 하나님의 제단에 바쳤던 위대한 순교자들이다. 그들의 신앙을 돌아보면서 지금 교회의 신앙이 얼마나 나약하며 얼마나 가벼우며 얼마나 타락했으며 얼마나 세속화되었는가를 가슴 깊이 돌아보아야 한다.

세대주의적 종말론자들은 다니엘 2장의 '열 발가락'과 7장의 '열 뿔'을 따로 분리해서 떼어 낸 후, 세기말로 날려 보냈다. 그래서 분열된 유럽이 하나의 제국으로 통일되고 통일된 유럽 제국 안에서 적그리스도가 출현한다고 했다. 그러다 보니, 다니엘 선지자가 직시했던 '작은 뿔'의 정체를 유럽연합의 대통령 혹은 총통으로 이해해서 수많은 그리스도인에게 전혀 다른 '적그리스도'를 상상하게 했다. 그 결과로 지금 교회는 적그리스도의 실체를 인지하지 못하고 저 교황을 위대한 성인, 위대한 성자, 평화의 사절, 평화의 사도로 착각하며 존경까지 바치고 있다.

그러나 '작은 뿔'(적그리스도는)은 유럽연합의 총통이 될 수가 없다. 다니엘서 2:43은 극히 강하고 큰 철 이로 먹고 부서뜨리는 네 번째 짐승 곧 신상의 네 번째 신체 부위인 철의 종아리에서 분리된 열 개의 발가락 곧 열 개의 나라는 결단코 합하지 못할 것을 예언하고 있기 때문이다. "넷째 나라는 강하기가 쇠 같으리니 쇠는 모든 물건을 부서뜨리고 이기는 것이라 쇠가 모든 것을 부수는 것같이 그 나라가 뭇 나라를 부서뜨리고 찧을 것이며 왕께서 그 발과 발가락이 얼마는 토기장이의 진흙이요 얼마는 쇠인 것을 보셨은즉 그 나라가 나누일 것이며 왕께서 쇠와 진흙이 섞인 것을 보셨은즉 그 나라가 쇠 같은 든든함이 있을 것이나 그 발가락이 얼마는 쇠요 얼마는 진흙인즉 그 나라가 얼마는 든든하고 얼마는 부서질 만할 것이며 왕께서 쇠와 진흙이 섞인 것을 보셨은즉 그들이 다른 민족과 서로 섞일 것이나 그들이 피차에 합하지 아니함이 쇠와 진흙이 합하지 않음과 같으리이다"(단 2:40~43). 통일된 유럽연합 제국은 없을 거라는 말이다.

교황권은 과연 지금 세상의 정치 무대에서 종적이 사라졌는가? 사도 바울의 예언대로 주님의 입술의 기운으로 처단받았는가? 주님의 입에서 나오는 날 선 검에 의해 목이 잘렸는가? 아니다. 2005년 4월 8일 요한 바오로 2세의 장례식장에 온 세계의 대통령과 왕들과 조문 사절단이 참배했다. 그들 모두는 로마교회의 미사에 참석해서 죽은 요한 바오로 2세에게 깊은 존경을 바쳤다. 기독교의 거두라고 일컬어지는 목사들도 죽은 교황을 영적 거인으로 칭송하며 깊은 애도를 표했다. 지금 시대는 교황권이 중세 천년 동안 자행했던 폭압과 배도를 말끔히 잊은 채 전 세계가 교황을 이 세계에 평화를 구현하는 평화의 대사도로 존경한다. 그를 향해 이를 갈고 갈아도 시원찮을 판에.

예수께서 당대의 종교지도자들을 뱀과 독사의 새끼라고 했을 때는 그들이 혓바닥으로 독을 뿜어서 사람을 죽여서가 아니라, 하나님의 말씀을 가감하고 되먹지 못한 특권의식으로 어리석은 백성을 지도한답시고 옷 술을 길게 늘어뜨리고 잔치의 상석에 앉았기 때문이다. 교황은 잔치의 상석 정도에 앉은 것이 아니라 하나님의 자리에 앉았다. 광명의 천사로 위장을 하고.

하나님께서는 스탈린 모택동 김일성 김정일 푸틴보다도 당신의 말씀을 가감하는 인간을 가장 싫어하시고 증오하신다. 인간의 법으로 이해하면 영원한 지옥 형벌을 직시하고 있는 하나님의 법이 하나 있는데, 그것이 바로 하나님의 말씀을 가감하는 죄악이다. "내가 이 두루마리의 예언의 말씀을 듣는 모든 사람에게 증언하노니 만일 누구든지 이것들 외에 더하면 하나님이 이 두루마리에 기록된 재앙들을 그에게 더하실 것이요 만일 누구든지 이 두루마리의 예언의 말씀에서 제하여 버리면 하나님이 이 두루마리에 기록된 생명나무와 및 거룩한 성에 참여함을 제하여 버리시리라"(계 22:18~19).

하나님께서는 신하의 아내를 탐해 충신을 교살하고 그 아내를 취한 다윗의 죄는 용서하셔도 말씀을 가감한 거짓 그리스도와 거짓 선지자의 죄는 결단코 용서하지 않으신다. 그러므로 위대한 사도 베드로와 바울은 기독교인을 말살하는 네로는 용서할 수 있을지언정 교회에 들어와 잘못된 교훈을 설파하는 거짓 교사는 원수 사랑하듯 사랑할 수 없었다. 오히려 그들이 철저히 멸망 당할 것이라고 경고했다. 왜 그런가? 네로는 우리에게서 일시적인 생명의 삶을 빼앗을 뿐이지만, 거짓 교사들은 우리에게서 영원한 생명을 빼앗아

가기 때문이다.

　교황권은 기독교가 313년 국교로 공인된 이후, 700여 년의 태동기와 성장기를 거쳐 멸망한 서로마제국의 부활인 신성로마제국의 등장과 함께 권세의 절정기를 1천년 동안 누린다. 그 1천년 동안 온 세계 거민은 로마교회의 신자여야 했으며, 왕이 입장하실 혼인 잔치 자리에 닥치는 대로 초청되어 왔다. 그 중세기 1천년 동안 하나님의 말씀을 가감한 정도가 아니라, 변개해서 로마교회가 창조한 새로운 구원관에 의해 목숨으로 항거한 믿음의 백성 외에 모든 출석 교인은 틀림없이 단체로 지옥의 나락으로 떨어졌다.

　313년까지 광야 한가운데서 박해받던 믿음의 교회는 이후 로마 황실에 입성한 후 급속히 세속화되었고, 정치화되었고, 교권화되었다. 그 권력의 흐름 속에서 사라져가는 네 번째 짐승이 상징하는 로마제국의 뒤를 이어 이때까지 교황권은 로마 황제가 가졌던 절대적 권한을 훨씬 능가하는 무지막강한 권세로 영토를 허물어 버리고 국적을 초월해서 네 번째 짐승 제국의 영토 아래에 있던 모든 군왕과 백성들을 1천년 동안이나 자신의 독재 권력 휘하로 흡수했다. 이처럼 모든 영혼의 현세 삶뿐 아니라 내세의 영원한 삶까지 좌지우지했던 이 기묘한 권력 집단은 인류 역사가 생긴 이래, 전에도 없었고 후에도 없을 권력체였다.

이 씨 조선을 오백 년 왕조라고 한다. 그 오백 년 이씨 왕조에서 배출한 마지막 왕 고종황제는 26대 왕에 불과하다. 지금의 교황 프란치스코는 제266대 교황이다. 로마교회에서 태동되어 성장하고 극성기를 구가한 교황권의 위세는 기원전 161년경 태동해서 기원후 476년까지 인류 역사상 최강의 제국을 건설했던 로마제국의 황제들보다도 더 긴 세월 동안 더 큰 권력을 휘어잡았다. 지금도 중국의 10억 인구를 초월하는 전세계 가톨릭교도들을 현세와 내세의 영원한 삶까지 좌지우지하며 한없는 흠모와 존경을 받는 교황권을 보면서, (참조로 전세계 가톨릭 교도들의 십일조는 로마 교황청이 있는 바티칸 시국의 통장으로 유입된다.) 과연 진실한 믿음의 교회라면 하나님의 나라와 의를 구하는 것이 무엇이겠는가를 생각해 봐야 한다.

재림 신앙, 재림 소망, 마라나타

하나님은 중세 천년을 지배했던 가톨릭교회의 목회자와 교황을 김일성보다도 미워하시고, 스탈린보다도 미워하시고, 김정은보다도 미워하신다.

인생의 내일과 관련해서 초대교회 전체가 가졌던 유일한 소망은 예수 그리스도의 재림이었다. 그러나 사도 바울은 멸망의 아들이 나타나기까지는 예수 그리스도의 재림이 없을 것이라고 그들의 간절한 재림 소망을 다독거렸다. "형제들아 우리가 너희에게 구하는 것은 우리 주 예수 그리스도의 강림하심과 우리가 그 앞에 모임에 관하여 영으로나 또는 말로나 또는 우리에게서 받았다 하는 편지로나 주의 날이 이르렀다고 해서 쉽게 마음이 흔들리거나 두려워하거나 하지 말아야 한다는 것이라 누가 어떻게 하여도 너희가 미혹되지 말라 먼저 배교하는 일이 있고 저 불법의 사람 곧 멸망의 아들이 나타나기 전에는 그 날이 이르지 아니하리니"(살후 2:1~3).

초대교회는 멸망의 아들이 나타나기 전, 예수 그리스도의 재림 대망으로 가슴 부풀어 있었다. 그들은 간절하고도 간절하게 인자(단 7:13; 눅 18:7~8)가 다시 오실 날을 대망했다. 초대교회 때로부터 몇백 년의 시간이 흐른 후, 사도 바울이 직시했던 그 멸망의 아들이 역사상에 모습을 드러내었다. 그렇다면, 멸망의 아들을 맞닥뜨리고 살아가는 지금 교회세대는 어떤 소망으로 하나 되어 있으며, 어떤 소망으로 가슴 부풀어 있는가?

다니엘과 사도 바울은 모두가 하나같이 이 땅에 다시 오실 예수 그리스도에 의해서 작은 뿔 곧 멸망의 아들이 심판을 받고 성도에게 영원한 나라가 주어질 것을, 중하고도 영원한 부활의 영광이 주어질 것을 예언했다. 지금보다도 훨씬 오래전, 그 멸망의 아들이 나타나기 전에도 초대교회는 예수 그리스도 재림 소망으로 하나가 되어 있었건만, 성경의 정확한 예언대로 나타난 작은 뿔, 곧 멸망의 아들을 마주대하고 있는 지금 교회세대는 어떤 소망으로 하나가 되어 있는가. 과연 지금 교회세대는 초대교회만큼 예수 그리스도 재림 소망으로 가슴 부풀어 있는가.

태극기부대는 박근혜와 함께하는 내일의 대한민국 5년

을 열망했다. 문재인의 열렬한 지지자들은 문재인과 함께하는 내일의 대한민국 5년을 열망했다. 지금 교회는 예수 그리스도와 함께하는 내일의 영원한 나라를 얼마만큼 열망하고 있는가. 기껏해야 나라와 의를 기도한답시고 북조선의 살찐 비곗덩어리 김정은의 혈관이 터져 요절하고 주어질 통일 대한민국을 기도할 줄은 알면서도, 저 멸망의 아들이 처단되고 주어질 예수 그리스도와 함께하는 영원한 나라를 위해서는 얼마나 간절하게 기도해 보았던가.

지금 교회는, 초대교회 당시 교회 전체의 유일하고도 간절했던 예수 그리스도의 재림 대망은 사라진 지 오래다. 오로지 개개인의 각양각색 소원이 믿음의 소망으로 포장되어, 사도 바울이 배설물로 여겼던 개개인의 인생 소원이 유일했던 예수 그리스도의 재림, 그 소망의 자리를 대신해서 탐욕스럽게 자리매김하고 있다.

지금 교회는 하나같이 내일의 명문대 입학, 내일의 대기업 입사, 내일의 잘난 배필, 내일의 국회의원, 내일의 의사, 내일의 박사, 내일의 부자, 내일의 명문가, 내일의 영향력 있는 인생, 내일의 잘된 인생, 내일의 역전 인생을 꿈으로 먹고 산다. 이것도 모자라 내일의 주거 안정, 내일의 안정된 노후, 내일의 편안한 노후를 골몰하며 살아간다.

이 모두가 사도 바울이 예언한 대로 교회가 진리에서 그

길을 돌이키고 자신들의 사욕을 긍정과 확신의 신념으로 배부르게 해 주는 거짓 선지자들의 허탄한 이야기를 따라갔기 때문이다. "때가 이르리니 사람이 바른 교훈을 받지 아니하며 귀가 가려워서 자기의 사욕을 따를 스승을 많이 두고 또 그 귀를 진리에서 돌이켜 허탄한 이야기를 따르리라"(딤후 4:3~4).

거짓 선지자들은 숫제 대 놓고 기도하면 무조건 응답받는다고 한다. 기도하면 무조건 해결 받는다고 한다. 긍정으로 심으면 무조건 잘된다고 한다. 나아가서 꿈이 있는 자는 망하지 않는다고 힘주어 소리치며 어리석은 교회의 마음판에 덧칠을 한다.

하나님께서는 세계사에서 가장 핍절한 시대, 가장 암울한 시대를 살아가던 이스라엘 백성에게 내일의 인생이 아니라 구속사의 칠십 이레를 소망으로 부여잡고 믿음을 잃지 말 것을 격려했다. "네 백성과 네 거룩한 성을 위하여 일흔 이레를 기한으로 정하였나니 허물이 그치며 죄가 끝나며 죄악이 용서되며 영원한 의가 드러나며 환상과 예언이 응하며 또 지극히 거룩한 이가 기름 부음을 받으리라 그러므로 너는 깨달아 알지니라 예루살렘을 중건하라는 영이 날 때부터 기름 부음을 받은 자 곧 왕이 일어나기까지 일곱 이레와 예순두 이레가 지날 것이요 그 곤란한 동안에 성이 중건되어 광장과 거리가 세워질 것이며 예순두 이레 후에 기름 부음을 받은 자가 끊어져 없어질 것이며 장차 한 왕의 백성이 와서 그 성읍과 성소를 무너뜨리려니와 그의 마지막은 홍수에 휩쓸림 같을 것이며 또 끝까지 전쟁이 있으리니 황폐할 것이 작정되었느니라 그가 장차 많은 사람들과 더불어 한 이레 동안의 언약을 굳게 맺고 그가 그 이레의 절반에 제사와 예물을 금지할 것이며 또 포악하여 가증한 것이 날개를 의지하여 설 것이며 또 이미 정한 종말까지 진노가 황폐하게 하는 자에게 쏟아지리라 하였느니라 하니라"(단 9:24~27).

이 약속의 축복이 성취되는 기간은 다니엘이 이 예언의 약속을 받고 페르시아제국 고레스 대왕의 칙령에 의해 "예루살렘을 중건하라는 영이 날 때"(단 9:25)인 BC 536년경부터 에스라와 느헤미야의 인도 아래 "성이 중건되어 거리와 해자를 이루는 때"(단 9:25)인 BC 444년까지 90여 년의 시간이 지나고, 다시 "기름 부음을 받은 자 곧 왕이 일어나기까지"(단 9:25) 440여 년의 시간이 지나고, 계속해서 "기름 부음을 받은 자가 끊어져 없어지고"(단 9:26), 로마의 베스파시안 황제 재임 때 그의 아들 디도(Titus) 장군에 의해 예루살렘 성벽이 돌 위에 돌 하나도 남지 않고 무너지는, 곧 "장차 한 왕의 백성이 와서 그 성읍과 성소를 훼파하는"(단 9:26) AD 70년까지, 약속의 70이레 가운데 69이레가 지나고 지금까지 마지막 '한 이레'의 2천여 년을 지나고 있다.

인간의 시간이 아니라 하나님의 시간인 이 마지막 한 이레가 채워진 후 주님께서는 멸망의 아들 작은 뿔을 심판하시고 당신의 백성에게 영원한 나라, 곧 영생을 허락하실 것이다. "이 여러 왕들의 시대에 하늘의 하나님이 한 나라를 세우시리니 이것은 영원히 망하지도 아니할 것이요 그 국권이 다른 백성에게로 돌아가지도 아니할 것이요 도리어 이 모든 나라를 쳐서 멸망시키고 영원히 설 것이라"(단 2:44). "나라와 권세와 온 천하 나라들의 위세가 지극히 높으신 이의 거룩한 백성에게 붙인 바 되리니 그의 나라는 영원한 나라이라 모든 권세 있는 자들이 다 그를 섬기며 복종하리라"(단 7:27). "그 때에 임금이 그 오른편에 있는 자들에게 이르시되 내 아버지께 복 받을 자들이여 나아와 창세로부터 너희를 위하여 예비된 나라를 상속받으라"(마 25:34). "그들은 영벌에, 의인들은 영생에 들어가리라 하시니라"(마 25:46).

하나님께서 당신의 백성을 위해 준비하신 회복의 축복은 이스라엘 백성 개개인의 인생 안에서 꿈이 이루어지는 때 곧 소원 기도 응답을 받는 때가 아니라, 예수 그리스도의 초림과 예수 그리스도의 초림을 지나 천 년이 하루 같고 하루가 천 년 같은 하나님의 시간 안에서 재림으로 성취된다.

"그러므로 형제들아 주께서 강림하시기까지 길이 참으라 보라 농부가 땅에서 나는 귀한 열매를 바라고 길이 참아 이른 비와 늦은 비를 기다리나니 너희도 길이 참고 마음을 굳건하게 하라 주의 강림이 가까우니라"(약 5:7~8).

　마지막 한 이레를 각가지로 억측하던 교회는 이레의 절반 곧 삼 일 반을 성경의 상징(겔 4:6)을 따라, 한 때와 두 때와 반 때 곧 삼 년 반으로 해석하고, 다시 그 삼 년 반을 날로 환산해서 1,260일로 해석하고, 또다시 그 1,260일을 다시 원점으로 돌아가 년으로 환산해서 1,260년으로 해석하기까지 했다. 그래서 교황권이 성립되었다는 AD 538년부터 1798년 교황 비오 6세가 나폴레옹 수하 장군에 의해 파리 감옥에 수감되는 때까지를 1,260년으로 이해하기도 했다. 혹은 마지막 한 이레를 말세지말에 세계를 일사불란하게 좌지우지할 적그리스도 국가와 적그리스도 통치자에 의해서 실제 삼 년 반 동안 무지막지한 독재 권력이 행사될 것으로 이해하기도 했다. 이 모두는 시간을 살아가는 하루살이가 이해하는 마지막 한 이레와 영원하신 하나님이 계시하시는 마지막 한 이레의 가치관적 간극에서 비롯된 오해이다. "사랑하는 자들아 주께는 하루가 천년 같고 천년이 하루 같다는 이 한 가지를 잊지 말라"(벧후 3:8).

　교회가 이 마지막 한 이레를 온전한 믿음의 소망으로 부여잡기 위해서는 영원하신 하나님께서 시간을 살아가는 하루살이 같은 인생들에게 이미 2천년 전부터 '교회의 원한' 곧 '과부의 원한'을 '속히'(눅 18:8) 풀어 주시고, 제단 아래 있는 영혼들에게 그들의 원한을 갚아 주시는 날까지 '잠시 동안'(계 6:11) 쉬라고 하신 말씀의 의미를 온전히 이해해야 한다. "예수께서 그들에게 항상 기도하고 낙심하지 말아야 할 것을 비유로 말씀하여 어떤 도시에 하나님을 두려워하지 않고 사람을 무시하는 한 재판장이 있는데 그 도시에 한 과부가 있어 자주 그에게 가서 내 원수에 대한 나의 원한을 풀어 주소서 하되 그가 얼마 동안 듣지 아니하다가 후에 속으로 생각하되 내가 하나님을 두려워하지 않고 사람을 무시하나 이 과부가 나를 번거롭게 하니 내가 그 원한을 풀어 주리라 그렇지 않으면 늘 와서 나를 괴롭게 하리라 하였느니라 주께서 또 이르시되 불의한 재판장이 말한 것을 들으라 하물며 하나님께서 그 밤낮 부르짖는 택하신 자들의 원한을 풀어 주지 아니하시겠느냐 그들에게 오래 참으시겠느냐 내가 너희에게 이르노니 속히 그 원한을 풀어 주시리라 그러나 인자가 올 때에 세상에서 믿음을 보겠느냐 하시니라"(눅 18:1~8). "셋째 인을 떼실 때에 내가 보니 하나님의 말씀과 그들이 가진 증거로 말미암아 죽임을 당한 영혼들이 제단 아래에 있어 큰 소리로 불러 이르되 거룩하고 참되신 대주재여 땅에 거하는 자들을 심판하여 우리 피를 갚아 주지 아니하시기를 어느 때까지 하시려 하나이까 하니 각각 그들에게 흰 두루마기를 주시며 이르시되 아직 잠시 동안 쉬되 그들의 동무 종들과 형제들도 자기처럼 죽임을 당하여 그 수가 차기까지 하라 하시더라"(계 6:9~11).

하나님께서는 과부의 신원 곧 택하신 자들의 원한을 '속히' 풀어주신다. 언제? '인자가 다시 올 때!' 그런데 이 비유가 베풀어진 후 이 천여 년의 시간이 지났다.

제단 아래 죽임을 당한 영혼들이 피의 신원을 호소하는 기도의 응답, 곧 원수 갚는 날은 반드시 응답을 받는다. 언제? '잠시 후!' 동무 종들의 수가 채워진 후! 그러나 사도 요한이 이 환상을 본 이후 이천여 년의 시간이 흘렀다.

하나님의 약속인 '속히'(눅 18:8)와 '잠시 동안'(계 6:11)은 인간의 가치 기준에서 계산할 수 있는 시간이 아니라, 영원하신 하나님의 기준에서 약속된 시간이다. 그러므로 이스라엘의 회복, 나아가서 교회의 회복을 위한 약속된 구속사의 시간표인 70이레 중 마지막 한 이레는 인간의 수치 개념으로 계획하고 설정한 시간이 아니라 영원하신 하나님께서 당신의 기준에서 작정하신 시간이다.

믿음의 조상 아브라함은 먼 훗날 가나안 일경이 자기 후손의 소유로 등기될 날을 멀리서 바라보며, 자신의 남은 일백 년의 삶을 하루하루 연고 없는 죽음의 타국 땅을 밟으며 나그네로 살아갔다. 이 믿음의 길을 따라 신실한 믿음의 교회는 멸망의 아들이 나타나기 전에 매일매일을 예수 그리스도 다시 오시는 날을 대망하며 살아갔다. 그리고 그 멸망의 아들은 세계사의 한가운데 출현했고, 다니엘 선지서의 예언대로 그 멸망의 아들 작은 뿔은 천년 동안 권력의 절정기를 보내었다. 지금도 그 작은 뿔은 (비록 그 권세가 예전 같지는 못하지만) 평화의 사신이라도 되는 양 백주에 온 세계를 휘젓고 다니며 지구의 평화를 위해서 기도한다고 요란을 떤다.

멸망의 아들이 나타나기 전에도 오로지 예수 재림 신앙과 예수 재림 소망으로 하나가 되었던 믿음의 교회와 비교해 보면 지금 교회는 멸망의 아들을 마주 대하며 살아가고 있기에 때가 더욱 단축해진 시대를 살아가고 있다. 그러니 초대교회 성도보다도 우리는 얼마나 더 재림 소망, 재림 신앙으로 뜨거워야 하겠는가.

그런데도 오늘날 하나님의 말씀이 아닌 인간의 교훈들은 일 년 후의 응답받은 인생, 십 년 후의 잘된 인생, 삼십 년 후의 안정된 인생을 믿음의 소망이고 믿음의 꿈이라고 허구한 날 짖어대고 있으니, 주님의 예언대로 번개가 동편에서 나서 서편까지 번쩍임같이 주님께서 도적같이 임하실 시간까지 거짓 그리스도와 거짓 선지자의 미혹이 여기저기 광야와 골방에까지 차고 넘치고 있다. "그 때에 사람이 너희에게 말하되 보라 그리스도가 여기 있다, 혹은 저기 있다 하여도 믿지 말라 거짓 그리스도들과 거짓 선지자들이 일어나 큰 표적과 기사를 보여 할 수만 있으면 택하신 자들도 미혹하리라 보라 내가 너희에게 미리 말하였노라 그러면 사람들이 너희에게 말하되 보라 그리스도가 광야에 있다 하여도 나가지 말고 보라 골방에 있다 하여도 믿지 말라 번개가 동편에서 나서 서편까지 번쩍임같이 인자의 임함도 그러하리라 주검이 있는 곳에는 독수리들이 모일 것이니라"(마 24:23~28).

이제 그 대망의 주 예수 그리스도께서 임하셔서 이 짐승들을 심판하시고 가라지들을 단으로 묶어 불에 던지시고 당신의 교회를 정화하실 것이다. "내가 또 내 손을 네게 돌려 네 찌꺼기를 잿물로 씻듯이 녹여 청결하게 하며 네 혼잡물을 다 제하여 버리고 내가 네 재판관들을 처음과 같이, 네 모사들을 본래와 같이 회복할 것이라 그리한 후에야 네가 의의 성읍이라, 신실한 고을이라 불리리라 하셨나니 시온은 정의로 구속함을 받고 그 돌아온 자들은 공의로 구속함을 받으리라"(사 1:25~27).

12 교회시대가 과연 천년왕국시대인가?

"또 내가 보좌들을 보니 거기에 앉은 자들이 있어 심판하는 권세를 받았더라 또 내가 보니 예수를 증언함과 하나님의 말씀 때문에 목 베임을 당한 자들의 영혼들과 또 짐승과 그의 우상에게 경배하지 아니하고 그들의 이마와 손에 그의 표를 받지 아니한 자들이 살아서 그리스도와 더불어 천년 동안 왕 노릇 하니 그 나머지 죽은 자들은 그 천년이 차기까지 살지 못하더라) 이는 첫째 부활이라 첫째 부활에 참여하는 자들은 복이 있고 거룩하도다 둘째 사망이 그들을 다스리는 권세가 없고 도리어 그들이 하나님과 그리스도의 제사장이 되어 천년 동안 그리스도와 더불어 왕 노릇 하리라"(계 20:4~6).

많은 사람이 '천년'이라는 상징적인 숫자로 묘사된 천년

왕국 시대를 교회시대라고 주장한다. 그들은 지금 현재 예수 그리스도를 영접한 사람들이 영적으로 거듭난 것을 첫째 부활이라고 하며 예수 믿고 거듭난 사람이 예수 그리스도 안에서 지금 현재 제사장이 되어 왕 노릇 하고 있다고 주장한다.

이 의견에 의하면 첫째 부활은 예수를 믿지 않던 사람이 예수를 믿고 영적으로 살아나서 그리스도와 더불어 왕 노릇 한다는 말인데, 그렇다면 요한계시록 20:4~6의 예수의 증거와 하나님의 말씀 때문에 목 베임을 받은 자의 영혼들 역시 첫째 부활에 참여한다고 증언하는데 그렇다면, 어떤 의미로 그 영혼들이 살아난다는 것인가? 예수를 믿는다는 것이 살아난 것이고 왕 노릇 하는 것이라면, 예수를 믿기도 전에 어떻게 목 베임을 받았다는 말인가? 무엇보다도 본문은 예수를 믿는 자들이 왕 노릇 한다고 말하지 않고 목 베임을 받은 영혼들이 살아서 천년 동안 왕 노릇 한다고 한다. 예수 믿는다는 것과 예수의 증거와 하나님의 말씀으로 인해 목 베임을 받는다는 것은 차원이 다른 신앙이다.

천년왕국을 신약교회시대라고 말하는 사람들의 의견을 따르면 짐승의 표 사건이 요한계시록이 예언된 이후의 신약교회 안에서 일어나는 사건이 아니라 요한계시록이 예언되기 이전의 구약시대의 사건으로 해석해야 하는 시간상의 오류가 발생하게 된다. 그러나 요한계시록 13장에서 나오는 짐승의 표 사건은 사도 요한 당대의 사건이 아니고, 다가올 미래의 사건이다. 거듭난 사람들의 모임인 교회시대는 예언된 짐승의 표 사건이 나타나기 이전부터, 그리고 사도 요한이 짐승의 표 사건을 예언하기 60여 년 전부터 이미 있었다.

또한, 교회 시대를 천년왕국이라고 주장하는 사람들은 요한계시록 20:4~6에서 나오는 "살아서"라고 말할 때 살아서의 의미와 "나머지 죽은 자들"이라고 말할 때 죽음의 의미를 영적인 죽음과 영적인 생명으로 이해한다. 그러나 만약 그들의 주장대로 "나머지 죽은 자들"의 '죽은 자'들은 영적으로 죽은 존재라면, 본문에서 그들이 "천년이 차기까지 살지 못한다"(5절)라는 말씀과 논리적으로 대치된다. 왜냐하면, 5절 말씀대로 이미 영적으로 죽어 있던 자들은 천 년 동안 다시는 살 수 없기에 그때(사도시대의 시작 때)로부터 영적으로 죽은 사람들은 더는 예수를 믿고 구원받을 수 없기 때문이다. 하나님의 구속사는 이미 사도시대로부터 주님이 다시 오시는 시간까지 예수 그리스도를 믿고 구원받은 사람들이 계속해서 그 수를 더하여오는 점진적인 번성의 구속사다. 그러므로 '그 나머지 죽은 자들이 천 년이 차기까지 살지 못한다'고 하면 이천 년 전에 이미 구원이 결정이 난 것으로 생각할 수밖에 없는 논리적 모순이 발생한다. 즉 이미 사도

시대로부터 영적으로 죽어 있는 사람은 일천 년 동안 예수 그리스도 안에서 거듭나서 중생할 수 없다. 이 얼마나 큰 논리적 모순인가.

짐승의 표를 받지 않은 사람들이 왕 노릇 하는 상급을 받는 시점은 짐승의 표를 받은 사람들이 심판받는 시점이다. 그런데 요한계시록은 짐승의 표를 받은 사람들이 심판받는 시점을 교회 시대라고 말하지 않고 종말적인 심판이라고 분명히 못을 박는다. "또 다른 천사 곧 셋째가 그 뒤를 따라 큰 음성으로 이르되 만일 누구든지 짐승과 그의 우상에게 경배하고 이마에나 손에 표를 받으면 그도 하나님의 진노의 포도주를 마시리니 그 진노의 잔에 섞인 것이 없이 부은 포도주라 거룩한 천사들 앞과 어린 양 앞에서 불과 유황으로 고난을 받으리니 그 고난의 연기가 세세토록 올라가리로다 짐승과 그의 우상에게 경배하고 그의 이름 표를 받는 자는 누구든지 밤낮 쉼을 얻지 못하리라 하더라 성도들의 인내가 여기 있나니 그들은 하나님의 계명과 예수에 대한 믿음을 지키는 자니라"(계 14:9~12). 이처럼 짐승의 표를 받은 사람들의 심판이 종말론적인 심판이라면 짐승의 표를 받지 않고 천 년 동안 살아서 왕 노릇 할 축복도 교회 시대 안에서 현재에 누리는 축복이 아니라 장차 다가올 종말론적인 미래의 복임을 알 수 있다.

하나님의 구속사는 이제 성자시대에서 성령시대로 넘어왔다. 그것은 주님께서 이 세상을 떠나시면서 또 다른 약속의 보혜사이신 성령 하나님을 통해 우리와 함께 거하실 것을 말씀하셨기 때문이다. "내가 아버지께 구하겠으니 그가 또 다른 보혜사를 너희에게 주사 영원토록 너희와 함께 있게 하리니 그는 진리의 영이라 세상은 능히 그를 받지 못하나니 이는 그를 보지도 못하고 알지도 못함이라 그러나 너희는 그를 아나니 그는 너희와 함께 거하심이요 또 너희 속에 계시겠음이라 내가 너희를 고아와 같이 버려두지 아니하고 너희에게로 오리라 조금 있으면 세상은 다시 나를 보지 못할 것이로되 너희는 나를 보리니 이는 내가 살아 있고 너희도 살아 있겠음이라"(요 14:16~19). 바로 이 약속의 보혜사이신 성령께서 이천 년 전 오순절 날 마가 다락방의 120여 문도의 머리 위에 임하심으로 그때로부터 교회 시대가 구속의 역사에 등장했다.

"오순절 날이 이미 이르매 그들이 다 같이 한곳에 모였더니 홀연히 하늘로부터 급하고 강한 바람 같은 소리가 있어 그들이 앉은 온 집에 가득하며 마치 불의 혀처럼 갈라지는 것들이 그들에게 보여 각 사람 위에 하나씩 임하여 있더니 그들이 다 성령의 충만함을 받고 성령이 말하게 하심을 따라 다른 언어들로 말하기를 시작하니라"(행 2:1~4).

바로 그날 사도 베드로는 성령의 권능을 덧입고 하루에 삼천 명을 회심시키는 기적을 베풀었다. 바로 그날이 율법 시대의 종말이었고 교회시대의 시작이었다. 그러므로 사도 베드로는 다음과 같이 외쳤다. "베드로가 열한 사도와 함께 서서 소리를 높여 이르되 유대인들과 예루살렘에 사는 모든 사람들아 이 일을 너희로 알게 할 것이니 내 말에 귀를 기울이라 때가 제 삼 시니 너희 생각과 같이 이 사람들이 취한 것이 아니라 이는 곧 선지자 요엘을 통하여 말씀하신 것이니 일렀으되 하나님이 말씀하시기를 말세에 내가 내 영을 모든 육체에 부어 주리니 너희의 자녀들은 예언할 것이요 너희의 젊은이들은 환상을 보고 너희의 늙은이들은 꿈을 꾸리라 그 때에 내가 내 영을 내 남종과 여종들에게 부어 주리니 그들이 예언할 것이요"(행 2:14~18).

그 옛날 요엘 선지자가 예언했던 하나님의 영의 시대, 하나님의 신의 시대가 바로 오순절 날 마가 다락방에 임했던 성령 강림의 날이다. "그 후에 내가 내 영을 만민에게 부어 주리니 너희 자녀들이 장래 일을 말할 것이며 너희 늙은이는 꿈을 꾸며 너희 젊은이는 이상을 볼 것이며 그 때에 내가 또 내 영을 남종과 여종에게 부어 줄 것이며"(욜 2:28~29).

하나님의 영, 즉 성령이 남종과 여종들에게 물 붓듯이 부어지고 모든 육체에게 임했던 바로 그날이 구약에서 예언된 말세이고, 바로 이 날을 기점으로 구약의 시대가 구속의 역사에서 저물어 가고 신약의 교회시대가 약속의 보혜사 성령의 강림과 함께 시작됨으로 새 하늘과 새 땅의 시대가 도래하게 되었던 것이다. 그러나 오순절날 성령강림이 있은 지 60여 년이 지난 후 밧모 섬에서 요한 사도는 성령이 교회들에게 하시는 계시의 말씀을 받는다. 그리고 성령이 교회들에게 하시는 말씀을 통해 지금 현재 교회가 누리는 축복이 아니라 다가올 미래에 누리게 될 축복을 예언했다. "귀 있는 자는 성령이 교회들에게 하시는 말씀을 들을지어다 이기는 그에게는 내가 하나님의 낙원에 있는 생명나무의 열매를 주어 먹게 하리라"(계 2:7). "귀 있는 자는 성령이 교회들에게 하시는 말씀을 들을지어다 이기는 자는 둘째 사망의 해를 받지 아니하리라"(계 2:11). "귀 있는 자는 성령이 교회들에게 하시는 말씀을 들을지어다 이기는 그에게는 내가 감추었던 만나를 주고 또 흰 돌을 줄 터인데 그 돌 위에 새 이름을 기록한 것이 있나니 받는 자 밖에는 그 이름을 알 사람이 없느니라"(계 2:17). "이기는 자와 끝까지 내 일을 지키는 그에게 만국을 다스리는 권세를 주리니 그가 철장을 가지고 그들을 다스려 질그릇 깨뜨리는 것과 같이 하리라 나도 내 아버지께 받은 것이 그러하니라 내가 또 그에게 새벽별을 주리라 귀 있는 자는 성령이 교회들에게 하시는 말씀을 들을지어다"(계 2:26~29). "이기는 자는 이와 같이 흰옷을 입을 것이요 내가 그 이름을 생명책에서 결코 지우지 아니하고 그 이름을 내 아버지 앞과 그의 천사들 앞에서 시인하리라 귀 있는 자는 성령이 교회들에게 하시는 말씀을 들을지어다"(계 3:5~6). "이기는 자는 내 하나님 성전에 기둥이 되게 하리니 그가 결코 다시 나가지 아니하리라 내가 하나님의 이름과 하나님의 성 곧 하늘에서 내 하나님께로부터 내려오는 새 예루살렘의 이름과 나의 새 이름을 그이 위에 기록하리라 귀 있는 자는 성령이 교회들에게 하시는 말씀을 들을지어다"(계 3:12~13). "이기는 그에게는 내가 내 보좌에 함께 앉게 하여 주기를 내가 이기고 아버지 보좌에 함께 앉은 것과 같이 하리라 귀 있는 자는 성령이 교회들에게 하시는 말씀을 들을지어다"(계 3:21~22).

이 말씀들에서 분명히 알 수 있는 것은 성령이 교회들에게 하시는 말씀은 이방인 교회시대를 향한 말씀이며, 그 말씀에서 예언하신 이긴 자가 받게 될 축복, 곧 낙원의 생명나무 과실을 먹는 축복, 둘째 사망의 해를 받지 아니할 축복, 새 이름을 받는 축복, 만국을 다스리는 철장 권세를 받는 축복, 생명책에서 그 이름이 흐리지 아니하고 반드시 기록될 축복, 성전의 기둥이 되는 축복, 예수님의 보좌에 함께 앉는 축복은 이방인 교회 시대의 성도가 당대에 누리는 축복이 아니라 이방인 교회시대에서 신앙의 이긴 자들만이 받을 미래적인 축복이다. 특히 요한계시록 20:6에서 둘째 사망이 왕 노릇 하는 자들을 다스리는 권세가 없다고 했는데, 둘째 사망의 해를 받지 않을 권세를 받을 축복은, 서머나 교회에서 신앙의 이긴 자들이 받게 될 축복이다.

무엇보다도 요한계시록 20:4에서 천년왕국의 축복은 짐승과 그의 우상에게 경배하지도 않고 이마와 손에 그의 표를 받지도 않은 자들이 받을 축복이라고 명시하고 있는데 짐승표의 사건은 구약의 사건이 아니고 사도 요한이 요한계시록을 예언한 이후의 이방인 교회시대에 등장할 사건이다. 그것은 사도 요한이 일곱 교회를 향해 편지를 보낼 때는 짐승의 표 사건이 과거에 있었던 사건이 아니라 다가올 시대의 사건이기 때문이다. 그러므로 표를 받지도 아니한 자들이 천 년 동안 왕 노릇 하는 시대는 짐승의 표 사건 이후의 다가올 시대의 축복이다.

또한 "살아서"의 헬라어 '에제산'은 육체적인 부활을 지칭할 때 사용되는 단어다. "예수께서 이 말씀을 하실 때에 한 관리가 와서 절하며 이르되 내 딸이 방금 죽었사오나 오셔서 그 몸에 손을 얹어 주소서 그러면 살아나겠나이다 하니"(마 9:18). "예수께서 이르시되 나는 부활이요 생명이니 나를 믿는 자는 죽어도 살겠고"(요 11:25). "베드로가 사람을 다 내보내고 무릎을 꿇고 기도하고 돌이켜 시체를 향하여 이르되 다비다야 일어나라 하니 그가 눈을 떠 베드로를 보고 일어나 앉는지라 베드로가 손을 내밀어 일으키고 성도들과 과부들을 불러 들여 그가 살아난 것을 보이니"(행 9:40~41). "이를 위하여 그리스도께서 죽었다가 다시 살아나셨으니 곧 죽은 자와 산 자의 주가 되려 하심이라"(롬 14:9). "곧 살아 있는 자라 내가 전에 죽었었노라 볼지어다 이제 세세토록 살아 있어 사망과 음부의 열쇠를 가졌노니"(계 2:8).

살펴본 대로 "살아서"의 원어는 반드시 실제적인 육체의 죽음에서의 부활을 의미할 때 사용되었다. 그러므로 요한계시록 20:4에서 살아서라는 말은 영적 부활을 의미하는 것이 아니라 하나님의 말씀으로 인해 목 베임을 받은 자의 영혼들의 실제적인 부활을 의미하며 짐승과 우상에게 경배하지도 않고 이마와 손에 표를 받지 않은 자들이 실제로 육체의 죽음을 경험하지 않고 천 년 동안 왕 노릇 하는 축복, 곧 만국을 다스리는 권세를 받음을 의미한다. 여기서 만국을 다스리는 권세 또한 두아디라 교회에서 끝까지 신실한 신앙으로 승리했던 이긴 자들이 받을(계 2:26) 미래의 상급이다.

사도 바울은 분명히 죽었던 자들이 다시 살고, 살아 있는 사람들이 변화될 최후의 축복에 대해 증언했다. "보라 내가 너희에게 비밀을 말하노니 우리가 다 잠 잘 것이 아니요 마지막 나팔에 순식간에 홀연히 다 변화되리니 나팔 소리가 나매 죽은 자들이 썩지 아니할 것으로 다시 살아나고 우리도 변화되리라"(고전 15:51~52). 바로 이것이 오늘 현재의 교회시대에 성령이 교회들에게 하시는 말씀을 듣고 지킨 자들이 받을 미래의 상급이고 축복이고 영광이다. 이 놀라운 다가올 영광의 축복의 시대에 동참하기 위해 주여 주여 하는 이름뿐인 일곱 교회 교인들이 아니라 일곱 교회 교인들 가운데서도 신앙의 정절을 지키며 어린양이 어디로 인도하든지 따라가는 신앙의 이긴 자들이 되어야 한다.

_『멸망의 아들과 영원한 제국』에서 계속됩니다.